KB266150

선택은 어떻게 남는가

HOW CHOICES REMAIN

김동욱

박영사

추천의 글

오늘날 우리는 강대국 간 치열한 기술 패권 경쟁과 심각한 지정학적 갈등으로 초불확실성의 시대를 살고 있다. AI 혁명의 파고와 예측 불허의 사회 변동 속에서 정치의 책임과 공공의 역할은 그 어느 때보다 막중하다. 기존의 질서가 파괴되고 새로운 질서가 수립되지 않은 혼란스러운 상황에서, 공공의 역할에 대한 문제의식을 공유하고, 시대 정신을 반영하는 공공 제도의 혁신은 실로 절실하다. 정치와 공공의 책임에 대해 다시 묻게 되는 오늘의 시점에서, 청년 정치인이 펼치는 논거가 우리 사회의 정치와 공공에 대한 이해를 새롭게 하는 데 기여할 수 있기를 기대한다.

김명자 | KAIST 이사장, 환경부 장관(1999-2003), 제17대 국회의원

「선택은 어떻게 남는가」는 정치적 판단이 어떻게 제도의 문장으로 굳어지는지를 기록·관점·진단의 구조로 치밀하게 추적한 책이다. 조례 제정의 실제 사례와 기술과 미래에 대한 기준을 통해, 이 책은 '선택'이 아닌 '책임이 구조로 남는 방식'을 사유하게 만든다. 미래를 예측의 문제가 아니라, 제도 설계와 사회적 시간 관리의 과제로 전환해 바라본다는 점에서 깊은 통찰을 제공한다. 공공 의사결정의 본질과 정치의 역할을 성찰하고자 하는 이들에게 일독을 권할 만한 의미 있는 저작이다.

서용석 | KAIST 문술미래전략대학원 교수, 미래전략연구센터장

'미래 비용의 지속적 전가'는 젊은이들에게 미래는 예측이 아닌 '불확실성을 감수한 도전'으로 읽힌다. 정치적 선택이 제도화되는 과정을 기록하고 이면의 판단기준을 체계적으로 분석한 김동욱의 책이 필요한 이유다. 정치학과 공학을 넘나드는 학제적 배경을 가진 김동욱의 책은 단기 성과에 매몰된 정치 현실에 대한 근본적 성찰을 요구하며, 다음 세대에게 부담을 전가하지 않으려는 태도가 책임정치의 본질임을 분명히 한다.

박명호 | 동국대학교 정치외교학과 교수, 前 한국정당학회 회장

이 책은 학문적 토대를 갖춘 젊은 정치인이 시민의 생활에 실질적 도움이 되는 정책을 구현하기 위해 노력한 생생한 사례들의 모음이자 민주주의 과정의 기록이다. 정책의 우선순위에 대한 판단이 결과를 좌우하며, 정치는 판단과 결과에 대해 책임지는 행위임을 강조한다. 우리의 기술 전략, 미래 전략도 정책 과정을 거치는 정치의 영역이므로 정치인, 정책담당자, 기업, 학계, 시민 등 우리 모두가 우리의 미래를 설계하는 데 유용한 참고서가 될 것이다.

송경진 | 고려대학교 아세아문제연구원 연구위원, 前 세계경제연구원 원장

　책은 생각을 전달하는 수단이지만, 때로는 사람과 사람을 잇는 매개가 된다. 같은 문장을 읽더라도 각자가 받아들이는 의미는 다르고, 그 차이에서 대화가 시작되기도 한다. 이 책도 그 역할을 할 수 있기를 바란다. 각자의 위치와 생각은 다르더라도, 서로의 판단을 조금 더 이해해 볼 수 있는 계기가 되었으면 한다.

　이 책을 쓰며 계속 붙잡고 있었던 질문은 정치의 의미에 대한 것이었다. 보통 정치는 나라를 운영하고 권력을 행사하는 영역으로 설명된다. 이 설명은 틀리지 않지만, 정치가 실제로 작동하는 방식까지 충분히 담아내지는 못한다. 제도와 권력만으로는 설명되지 않는 영역이 분명히 존재하기 때문이다.

　정치는 결국 사람 사이에서 작동한다. 서로 다른 이해관계와 경험, 판단이 마주하는 지점에서 어떤 선택이 이루어지는가의 문제다. 그 과정에서 중요한 것은 승패가 아니라 조정이고, 배제가 아니라 조율이다. 의견의 차이가 사라질 수는 없지만, 그 차이를 어떻게 다루느냐에 따라 사회의 방향은 달라진다.

지난 몇 년간 우리나라의 정치는 이 지점을 충분히 감당하지 못했다. 생각의 차이는 빠르게 진영의 구분으로 이어졌고, 의견의 불일치는 적대의 언어로 번역되었다. 비판은 토론으로 이어지기보다 공격으로 소비되었고, 정치는 갈등을 조정하기보다 갈등의 한 축으로 작동하는 장면이 반복되었다. 그 과정에서 대화의 공간은 점점 좁아졌고, 숙고의 여지도 함께 줄어들었다.

그러나 민주주의 사회에서 시민의 생각이 하나로 수렴되는 일은 가능하지 않다. 시민은 각기 다른 삶의 조건과 경험을 바탕으로 판단한다. 그 다양성은 관리의 대상이 아니라, 민주주의가 작동하기 위한 전제에 가깝다. 그렇기에 정치는 선택과 배제의 기술이 아니라, 서로 다른 판단들이 공존할 수 있도록 조정하는 역할을 맡아야 한다.

이 책은 지난 시간 동안 현장에서 보고, 듣고, 경험한 기록에서 출발한다. 성과를 정리하기보다 맥락을 남기고, 결론을 제시하기보다 판단이 만들어진 과정을 따라가고자 했다. 기록을 통해 관점을 정리하고, 그 관점을 바탕으로 지금의 구조를 차분히 바라보려 했다.

완결된 답을 제시하려는 책은 아니다. 다만 함께 생각을 이어갈 수 있는 출발점을 남기려 했다. 이 기록이 누군가에게는 생각을 정리하는 계기가 되고, 멈춰 있던 대화를 다시 시작하는 출발점이 되기를 바란다.

차례

제1부
기록 (Record)

제2부

관점 (Perspective)

제3부

진단 (Diagnosis)

제1부

—

기록
(Record)

판단이 제도가 되는 과정

제1부는 의정활동 속에서 형성된 판단의 흐름을 시간의 순서에 따라 기록한 부분이다.

의정활동은 흔히 결과로 요약된다. 조례 몇 건, 예산 얼마, 발언 횟수 같은 수치들이 성과를 대신한다. 그러나 현장에서의 시간은 그렇게 분리되어 있지 않다. 앞선 문제의식은 다음 판단으로 이어지고, 그 판단은 다시 다른 선택들과 겹치며 축적된다. 결과보다 과정이 먼저 존재하고, 그 과정이 쌓여 제도가 된다.

그래서 이 책의 첫 번째 부분은 성과를 먼저 정리하기보다 임기 시작 이후의 흐름을 그대로 따른다. 어떤 문제를 먼저 마주했고, 왜 그 사안이 제도의 언어로 다뤄져야 한다고 판단했는지, 그 기준이 이후의 의정활동 전반에 어떻게 반복되었는지를 차례대로 남겼다. 정치는 대개 결과보다 판단이 형성되는 과정에서 더 분명하게 드러난다.

각 장에 등장하는 조례와 정책은 모두 그 시점에서 필요하다고 판단된 사안들이다. 일부는 제도로 정리되었고, 일부는 아직 진행 중이거나 다른 형태로 이어지고 있다. 제1부에서는 평가를 앞세우지 않는다. 대신 언제 어떤 문제를 제도의 영역으로 가져올 필요가 있었는지, 그 판단의 기준과 맥락을 중심으로 정리한다.

다시 말해 이 기록은 의정활동을 단순히 나열하려는 것이 아니라, 공공의 문제가 제도의 영역으로 옮겨지는 과정에서 어떤 기준이 작동했는지를 보여주기 위한 것이다.

제1장

일상의 문제를 제도로 정리하다

제11대 서울특별시의회 임기 초, 기준이 만들어지던 시간

임기 초반에 마주한 과제들은 거창한 정책 의제가 아니었다. 생활 속에 누적되어 있었지만 책임의 경계가 흐릿한 문제들이었다. 학교 앞 통학로, 반복되는 교통 민원, 오래 방치된 안전 문제처럼 오랫동안 정리되지 않은 사안들이었다.

민원은 대부분 매우 구체적이었다. 불편이 언제, 어디서, 어떤 방식으로 이어지는지가 먼저 전달되었고, 그 뒤에 행정의 설명이 따라왔다. 문제는 단발성 대응으로는 정리되지 않는다는 점이 분명해졌다. 같은 요구가 다른 주민의 이름으로, 조금씩 다른 표현을 통해 반복되었다. 개별 사례로 보였던 사안들이 구조적인 문제라는 인식은 이 과정에서 자연스럽게 형성되었다.

임기 초반부터 질문은 하나로 모였다. 이 문제를 누가 잘 처리하느냐의 문제가 아니라, 왜 같은 문제가 계속 반복되는가에 대한 질문이었다. 반복을 끊기 위해 필요한 것은 담당자의 의지나 임시적인 조치가 아니라 공통의 기준이라는 판단으로 이어졌다.

조례는 그 기준을 제도화하기 위한 수단으로 자연스럽게 떠오른 선택이었다. 조례는 반복되는 문제를 행정의 책임 영역으로 묶어 두는 장치다. 무엇을 공공의 문제로 설정할 것인지, 어디까지를 제도의 언어로 다룰 것인지에 대한 합의를 법의 형태로 남기는 방식이기도 하다.

이 장에서 다루는 첫 번째 조례 역시 이러한 문제의식에서 출발했다. 특정 사안을 빠르게 처리하기 위한 대응이라기보다, 같은 문제가 다시 반복되지 않도록 기준을 세우기 위한 결정이었다. 조례의 조문보다 중요한 것은, 그 조례가 필요하다고 판단하게 된 과정이었다.

한편 조례라는 수단을 둘러싼 회의도 함께 존재했다. 조례는 지방자치단체가 법률에 근거해 제정하는 자치입법이고, 해당 지역에서는 실제로 작동하는 규범이다. 그럼에도 조례는 종종 법이 아닌 것처럼 취급되거나, 실효성이 낮은 제도로 인식되곤 한다. 지방의회 역시 형식적인 절차를 반복하는 공간으로 평가절하되는 경우가 많았다.

그럼에도 이 자리에 서기로 한 이유는 분명했다. 제11대 서울특별시의회에 입성한 당시 조례라는 법적 수단이 현실에서 어떤 역할을 할 수 있는지를 판단해야 하는 위치에 놓였다. 조례가 법이라면, 그 법이 어떤 기준을 만들고 어디까지 행정을 움직일 수 있는지를 다루는 일이 지방의회가 맡아야 할 역할에 속한다는 인식에 이르렀다. 지방의회의 역할에 대한 회의가 존재하는 상황에서 그 한계가 어디에서 비롯되는지를 제도의 언어로 정리할 필요가 있었다.

그래서 이 책의 첫 장은 선언으로 시작하지 않는다. 가장 일상적인 문제에서 출발해 그것을 제도의 언어로 옮기는 과정을 기록한다. 이 방식은 우연한 선택의 축적이 아니라, 이후 의정활동 전반을 관통한 기준이다.

제 2 장

게임은 이미 산업이었지만, 정책은 아니었다

서울특별시 게임산업 육성 및 이스포츠 활성화 지원 조례

서울특별시는 대한민국 게임산업의 중심지다.

게임 개발사와 퍼블리셔publisher, e스포츠 구단과 프로게이머, 아나운서와 해설자, 분석가, 게임 기획자와 개발자, 방송 제작 인력, 소프트웨어 및 음향과 영상 기술 인력 대부분이 서울에 모여 있다. 그럼에도 임기 초반 확인한 사실 하나는 분명했다. 서울에는 게임산업을 체계적으로 육성하기 위한 기본 조례가 존재하지 않았다.

당시 기준으로 전국 17개 시도 가운데 14곳은 이미 게임산업 육성 조례가 제정되어 있었다. 지역 단위에서 산업을 어떻게 바라보고 어떤 방향으로 지원할 것인지에 대한 기준이 제도 형태로 마련된 상태였다. 반면 서울은 산업의 중심지이면서도 이를 포괄하는 조례 차원의 틀이 존재하지 않았다.

이 공백은 단순한 형식의 문제가 아니었다. 조례가 없다는 것은 게임산업을 정책적으로 다룰 제도적 근거가 부재한 상태를 의미했다. 예산 편성의 지속성이 확보되기 어렵고, 중장기 계획 수립이 제도화되기 힘들며, 담당 부서의 역할과 책임 역시 구조적으로 명확해지기 어렵다. 산업의 규모가 크다는 사실만으로 정책이 자동으로 따라오는 것은 아니었다.

문제의식은 현장에서 더 분명해졌다. 대한민국은 이미 세계적인 게임 경쟁력을 갖추고 있다. 국제 대회에서 활약하는 선수들이 꾸준히 등장했고, 상징적 성과를 보여주는 선수들도 등장했다. 선수 수급과 개인의 기량만 놓고 보면 이미 세계 최고 수준에 가까웠다. 그러나 리그 운영, 훈련 환경, 경기 인프라 등 구조적인 기반은 그에 비해 충분하지 않았다.

게임산업은 개발과 유통에 그치지 않고 e스포츠, 관광, 문화 콘텐츠, 지식재산 산업까지 확장되는 복합 산업 구조를 가진다. 다시 말해 게임은 단순한 여가 산업을 넘어 콘텐츠 산업이자 소프트파워의 중요한 축이다. 하나의 게임이 가진 지식재산, 즉 IP(Intellectual Property)는 음악, 영상, 캐릭터, e스포츠로 확장되며 국가 이미지를 함께 형성한다. 그럼에도 서울의 정책 구조 안에서는 게임산업이 여전히 개별 사업 단위로 흩어져 다뤄지고 있었다.

그래서 접근 방식은 명확했다. 개별 지원 사업을 늘리는 것이 아니라, 게임산업을 서울시가 공식적으로 육성해야 할 산업으로 규정하는 것, 그 출발점으로 조례를 만드는 것이었다. 조례는 즉각적인 성과를 만드는 수단은 아니지만 정책이 지속될 수 있는 구조를 마련한다. 무엇보다 행정 내부에서 게임산업을 바라보는 기준을 제도 차원에서 정립했다는 점에 의미가 있었다.

게임산업 육성 조례는 서울시가 게임산업 육성을 정책 목표로 명시하고, 중장기 계획을 수립할 수 있는 근거를 마련하는 데 초점을 두었다. 인재 양성, 산업 기반 조성, e스포츠 및 관련 문화 확산을 체계적으로 지원할 수 있는 정책 틀을 제도화하는 일도 포함되었다. 이 조례는 게임산업을 단기 사업이 아니라 지속적으로 관리해야 할 정책 영역으로 설정했다.

조례는 2022년 12월 22일 재석 의원 만장일치로 서울시의회 본회의를 통과했다. 이로써 서울시는 뒤늦게나마 게임산업을 제도적으로 다룰 수 있는 최소한의 기반을 갖추게 되었다. 당장 모든 문제가 해결된 것은 아니었지만, 정책 논의가 가능한 출발선이 마련되었다.

이 조례의 의의는 결과보다 방향에 있다. 게임산업을 바라보는 시선을 문화 소비의 영역이 아니라 산업 정책의 대상으로 규정했다는 점, 그리고 서울시가 이 분야에 대해 지속적으로 책임을 져야 할 주체임을 명확히 했다는 점이다. 이후의 예산, 사업, 계획 등은 이 조례를 토대로 논의될 수 있게 되었다.

임기 시작 후 첫 조례로 게임산업 육성 조례 제정을 선택한 이유는 단순했다. 이미 존재하는 산업이었지만 이를 다룰 제도는 비어 있었기 때문이다. 그 공백을 메우는 일은 의회의 역할이었다. 이 조례는 이후 이어진 여러 입법 활동의 출발점이 되었고, 서울시가 미래 산업을 어떻게 다뤄야 하는지에 대한 기준을 세우는 첫 시도였다.

제3장
행정의 손이 닿지 않는 미래 영역
서울특별시 미래전략과제 발굴 및 육성 조례

앞의 제2장에서 게임산업 육성 조례를 준비하면서 한 가지 한계가 분명해졌다.

개별 산업이나 분야별 조례는 필요하지만, 그보다 앞서 서울시가 무엇을 '미래 과제'로 인식하고 있는지 자체가 정리되어 있지 않다는 점이었다. 행정은 주어진 업무를 성실히 수행하고 있었지만, 새로운 문제를 선제적으로 발굴하고 구조화하는 데에는 제도적 여유가 크지 않았다.

서울시는 늘 바쁜 도시다. 당장 처리해야 할 민원과 현안이 끊이지 않고, 예산과 인력 역시 한정되어 있다. 이 구조 안에서는 이미 문제가 된 사안에 대응하는 데 행정의 에너지가 집중될 수밖에 없다. 아직 표면화되지 않았거나 부서 간 경계를 넘는 미래 과제들은 자연스럽게 뒤로 밀린다.

　문제는 그 결과가 나중에 더 큰 비용으로 돌아온다는 점이다. 기술 변화, 산업 구조의 전환, 인구 구조의 변화처럼 장기적 관점이 필요한 사안들은 단일 부서의 업무로 정의되기 어렵다. 그렇다고 명확한 담당이 없다면 논의는 시작조차 되지 않는다. 미래 과제가 행정 내부에서 계속해서 책임의 주체가 분명하지 않은 영역으로 남는 구조였다.

　이 지점에서 질문은 분명해졌다. 서울시는 미래를 어떻게 다루고 있는가, 그리고 그 미래를 누가 책임지고 있는가. 중장기 계획이라는 이름의 문서들은 존재했지만, 실제 정책 과정에서 미래 과제가 지속적으로 발굴되고 점검되는 구조는 명확하지 않았다.

　그래서 접근 방식은 개별 사업을 더하는 것이 아니라 구조를 정비하는 데 있었다. 특정 분야를 지정해 지원하는 방식이 아니라, 서울시 차원에서 미래 전략 과제를 발굴하고 관리할 수 있는 제도적 틀이 필요하다고 판단했다. 미래를 말하는 자리가 아니라 미래를 다루는 절차를 만드는 일이 먼저였다.

　미래전략과제 발굴 조례는 이러한 문제의식에서 출발했다. 서울시가 중장기적으로 대응해야 할 과제를 체계적으로 발굴하고, 이를 행정 전반의 정책 논의로 연결할 수 있도록 근거를 마련하는 것이 핵심이었다. 단기 성과 중심의 정책 구조 속에서도 장기적 관점의 과제가 계속 논의될 수 있는 최소한의 장치를 만드는 일이 목적이었다.

이 조례는 미래 전략을 특정 부서의 역할로 한정하지 않는다. 오히려 부서 간 협업을 전제로, 복합적인 과제를 어떻게 정의하고 관리할 것인가에 초점을 둔다. 기술, 산업, 사회 변화가 얽힌 문제일수록 기존 행정 체계만으로는 다루기 어렵다는 현실을 반영한 선택이었다.

조례의 의미는 선언에 있지 않았다. 미래를 중요하다고 말하는 일은 어렵지 않다. 그러나 그 중요성을 정책 과정 안에 고정시키는 일은 전혀 다른 문제다. 이 조례는 미래 과제를 일회성 논의가 아니라 지속적으로 검토해야 할 행정의 책무로 위치시킨다는 점에서 의미가 있었다.

조례는 2023년 5월 3일 서울특별시의회 본회의를 통과했다. 이를 통해 서울시는 미래 과제를 발굴하고 관리할 수 있는 제도적 근거를 갖추게 되었다. 당장의 정책 변화를 보장하는 장치는 아니었지만, 미래를 다루는 방식 자체를 제도 안에 포함시켰다는 점에서 이후 의정활동의 중요한 기준이 되었다.

이 조례를 통해 분명해진 사실이 있다. 미래는 자연스럽게 오지 않는다. 행정이 다루지 않으면 미래는 늘 다음으로 밀려난다. 그래서 이 조례는 특정 정책을 추진하기 위한 수단이 아니라, 서울시가 미래를 어떤 절차와 책임 아래 다룰 것인지를 명확히 한 제도였다.

제4장

불안이 일상이 되기 전에

서울특별시 이상동기범죄 예방 및 피해지원에 관한 조례

이상동기범죄는 예측하기 어렵다. 특정한 갈등이나 관계에서 비롯되지 않고, 장소와 대상을 가리지 않는다. 그렇기에 사건이 발생한 이후에는 개인의 불운으로 설명되기 쉽고, 제도적 대응은 늘 사후에 머무르기 마련이다.

그러나 의정활동 과정에서 확인한 것은 달랐다. 이상동기범죄는 돌발적인 사건이 아니라, 이미 사회 곳곳에 축적된 불안과 위험이 특정 지점에서 표출된 결과였다. 문제는 범죄의 형태가 아니라, 그 불안이 제도의 언어로 다뤄지지 않고 있었다는 점이었다.

기존의 범죄 대응 체계는 처벌과 수사에 집중되어 있었다. 이는 당연하고 필요한 영역이다. 하지만 사건 이후의 대응만으로는 시민의 불안을 줄이기 어렵다. 특히 이상동기범죄의 경우 피해는 개인에게 집중되지만, 공포는 사회 전체로 확산된다. 그럼에도 예방과 피해 지원을 포괄적으로 다루는 기준은 명확하지 않았다.

이 조례를 준비하게 된 출발점은 여기였다. 범죄를 완전히 막을 수는 없지만, 예방을 위한 환경을 만들고 피해 이후의 회복을 제도의 책임으로 명확히 할 수는 있다는 판단이었다. 이상동기범죄를 예외적인 사건으로 취급하는 대신 공공이 관리해야 할 위험으로 인식할 필요가 있었다.

조례의 핵심은 두 가지였다. 첫째, 이상동기범죄 예방을 위한 정책적 근거를 마련하는 것. 둘째, 피해자가 사건 이후 홀로 남지 않도록 지원 체계를 제도화하는 일이었다. 이는 단순한 복지 확대의 문제가 아니라, 안전을 공공의 최소 책무로 다루겠다는 정책적 방향을 분명히 하는 선택이었다.

이상동기범죄는 특정 부서만의 문제로 다룰 수 없다. 치안, 복지, 정신건강, 도시 환경이 함께 연결되어 있다. 그러나 기존 행정 구조에서는 이 문제를 종합적으로 다룰 틀이 부족했다. 조례는 각 영역의 역할을 연결하고, 예방과 지원을 하나의 정책 흐름으로 구성하는 출발점이 되도록 설계되었다.

이 조례의 의의는 범죄 대응의 범위를 사후 처벌에 머물지 않게 했다는 데 있다. 위험 신호를 조기에 감지하고, 피해 이후의 회복까지 공공이 책임지는 구조로 대응 체계를 확장했다. 시민의 안전을 개인의 주의나 우연에 맡기지 않고, 제도가 감당해야 할 책임으로 규정한 것이다.

조례는 2023년 12월 15일 본회의를 통과했다. 이를 통해 서울시는 이상동기범죄의 예방과 피해 지원을 정책의 영역으로 공식화했다. 즉각적인 효과를 단정할 수는 없었지만, 최소한 이 문제를 공공의 책임 안에 두겠다는 입장은 분명해졌다.

안전은 선택의 문제가 아니다. 시민이 일상을 유지하기 위해 전제되어야 할 조건이다. 이상동기범죄를 제도의 언어로 다루기 시작했다는 점에서 이 조례는 서울시가 안전을 어떤 책임의 문제로 이해하는지를 드러낸 기준이었다.

제5장

미래를 당장의 의제로 끌어오다

서울특별시의회 서울미래전략통합추진특별위원회 구성결의안

왜 '미래전략'이 별도의 논의가 되어야 했는가

서울시는 늘 현재에 쫓기는 도시다. 민원은 즉각적인 답을 요구하고, 예산은 매년 단위로 편성되며, 행정은 정해진 법과 절차 안에서 움직인다. 이 구조는 도시를 안정적으로 운영하는 데에는 효과적이지만, 중장기적 변화에 대응하는 데에는 분명한 한계를 갖는다.

의정활동을 하며 반복해서 느낀 점은, 미래와 관련된 논의가 항상 뒤로 밀린다는 사실이었다. 기술 변화, 산업 구조 전환, 인구 구성의 변화처럼 당장 결정을 미루기 어려운 문제들조차 "아직은 시기상조"라는 이유로 정식 의제에서 비켜나 있었다. 미래는 중요하다는 말은 반복되었지만, 실제 정책 과정에서는 늘 부차적인 주제로 취급되었다.

문제는 이 같은 방식이 장기적으로 더 큰 비용을 낳는다는 점이다. 미래 과제가 충분히 논의되지 않은 채 현재의 기준으로만 정책이 설계되면, 그 부담은 다음 단계에서 한꺼번에 드러난다. 미래를 미루는 선택은 결국 더 큰 비용으로 돌아온다. 이 구조를 바꾸지 않으면, 서울시는 계속해서 뒤늦은 대응에 머물 수밖에 없다고 판단했다.

이 지점에서 기존 상임위원회 체계만으로는 한계가 분명했다. 미래 전략은 특정 상임위의 소관으로 구분되기 어렵고, 여러 분야가 동시에 얽혀 있다. 그렇기에 미래를 전담해 다룰 수 있는 별도의 정치적 공간이 필요하다는 문제의식이 형성되었다.

서울특별시의회 서울미래전략통합추진특별위원회 구성결의안

서울미래전략통합추진특별위원회는 이러한 문제의식에서 출발했다. 이 위원회는 특정 정책을 집행하기 위한 기구가 아니라, 서울시가 중장기적으로 직면할 과제를 종합적으로 논의하고 정리하기 위한 구조였다. 중요한 점은 '미래전략'을 하나의 분야로 한

정하지 않았다는 것이다.

구성결의안의 핵심은 통합이었다. 기술, 산업, 인구, 행정 구조, 안전과 같은 개별 영역을 분리하지 않고, 서울이라는 도시가 앞으로 마주할 변화를 하나의 맥락에서 다루겠다는 취지였다. 미래를 예측하는 위원회가 아니라, 미래를 어떻게 다룰 것인지를 논의하는 위원회를 만들고자 했다.

특별위원회라는 형식을 택한 이유도 여기에 있다. 정기 상임위의 틀 안에서는 논의하기 어려운 주제들을 일정 기간 집중적으로 다루고, 단기 성과보다는 문제 정의와 방향 설정에 초점을 맞추기 위한 선택이었다. 미래전략을 임시 이슈가 아니라, 정치가 책임지고 다뤄야 할 의제로 자리잡게 하는 데 의미가 있었다.

위원장으로서 설정한 기준

위원장으로서 가장 먼저 고민한 것은 '무엇을 할 것인가'보다 '어떻게 논의할 것인가'였다. 특별위원회가 성과 중심의 행사성 기구로 흐르지 않기 위해서는, 분명한 기준이 필요했다.

첫째, 단기 실행 가능성보다 문제의 불가피성을 우선했다.

지금 당장 예산으로 해결할 수 있는 사안보다, 앞으로 피할 수 없게 될 문제를 먼저 테이블에 올렸다. 미래전략 논의의 목적은 빠른 결과가 아니라, 늦지 않게 방향을 잡는 데 있다고 보았기 때문이다.

둘째, 행정 내부의 언어만으로 설명하기 어려운 문제들을 정치의 언어로 정리했다.

미래 과제는 대개 부서 간 경계를 넘는다. 어느 부서의 소관인지 불분명한 문제일수록 논의에서 밀려나기 쉽다. 위원회는 그런 문제들을 드러내고, 공론의 장으로 끌어오는 역할을 해야 한다고 판단했다.

셋째, 특정 분야의 이해관계에 갇히지 않도록 논의의 범위를 구조적으로 넓혔다.

미래는 어느 한 집단의 이해로 설명될 수 없고, 서울시 전체의 구조와 맞닿아 있기 때문이다.

1년간의 논의, 그리고 분명했던 한계

위원회 활동을 통해 분명해진 한계도 있었다. 특별위원회는 법적 집행 권한을 갖지 않는다. 예산을 직접 편성할 수도 없고, 행정에 즉각적인 실행을 요구할 수 있는 구조도 아니다. 이 때문에 논의가 실제 정책으로 이어지기까지는 시간이 필요했다.

그러나 이 한계가 곧 무의미함을 뜻하지는 않았다. 오히려 미래전략 논의의 본질은 즉각적인 성과가 아니라, 정책 방향을 사전에 정리하는 데 있다. 논의되지 않은 미래는 정책으로 이어질 수 없고, 준비되지 않은 미래는 늘 비용으로 돌아온다.

위원회는 미래 과제를 공식적인 정치 의제로 올려놓았다는 점에서 역할을 했다. 그동안 개별적으로 흩어져 있던 문제들이 하나의 맥락에서 논의되기 시작했고, 이후 행정과 의회 논의의 기준으로 남게 되었다.

이 경험이 남긴 것

서울미래전략통합추진특별위원회 활동을 통해 확신하게 된 점이 있다. 미래는 자연스럽게 오지 않는다. 누군가 의제로 만들지 않으면 미래는 늘 다음으로 밀려난다. 정치가 미래를 다루지 않을 때, 그 부담은 결국 시민의 삶으로 돌아온다.

이 위원회는 미래를 모두 해결하기 위한 기구가 아니었다. 서울시가 미래를 어떤 절차와 책임 아래 다룰 것인지 기준을 세우는 자리였다. 선언이 아니라 제도의 형식으로 미래를 다루기 시작했다는 점에서 의미가 있었다.

미래를 당장의 의제로 삼는 일은 선택의 문제가 아니다. 정치

가 감당해야 할 책임에 속한다. 특별위원회 활동은 그 책임을 제
도 안에 위치시키려는 시도였고, 이 경험은 이후 의정활동의 기준
이 되었다.

제6장

회의는 남고 책임은 사라지는 구조

서울특별시 각종 위원회의 설치 운영에 관한 조례 개정

서울시에는 위원회가 많다. 정책을 논의하고, 전문가 의견을 수렴하고, 행정의 판단을 보완하기 위해 만들어진 제도들이다. 그러나 의정활동을 하며 확인한 현실은, 위원회의 수가 곧 기능을 의미하지는 않는다는 점이었다.

당시 서울시에 설치된 위원회는 247개에 달했다. 상설위원회가 다수를 차지했고, 설치 목적과 활동 내용이 겹치는 경우도 적지 않았다. 회의는 정기적으로 열렸지만, 실질적인 논의가 이루어지지 않거나 참석률이 낮은 위원회도 있었다. 위원회가 많아질수록 책임은 분산되고, 효율은 낮아지는 구조였다.

문제는 참여의 기준이 모호하다는 점이었다. 위원으로 위촉되었음에도 출석률이 절반에 미치지 못하는 경우가 반복되었고, 그에 대한 제도적 조치는 명확하지 않았다. 회의에 참석하지 않아도 책임을 묻기 어려운 구조에서는 위원회가 형식적인 기구로 남을 수밖에 없었다.

그래서 가장 먼저 손을 댄 것은 참여의 기준이었다. 위원회가 실질적으로 작동하려면, 최소한의 책임 규정이 필요하다고 판단했다. 이에 따라 출석률 50퍼센트 미만 위원에 대한 해촉 규정을 신설했다. 단순한 제재가 아니라, 위원회 참여를 공적 책무로 명확히 하는 조치였다.

다음으로 구조 자체를 점검했다. 유사한 기능을 수행하는 위원회는 통합하고, 실효성이 떨어진 위원회는 정비했다. 상설로 유지할 필요가 없는 위원회는 비상설 형태로 전환했다. 특정 시기나 과제가 있을 때 집중적으로 운영하고, 역할을 마치면 정리하는 방식이 더 합리적이라는 판단이었다.

이 과정을 통해 위원회 수는 247거에서 200개 초반 수준으로 조정되었다. 숫자를 줄이는 것이 목적은 아니었다. 불필요한 중복을 줄이고, 위원회가 실제로 논의와 판단의 공간으로 기능하도록 만드는 것이 목표였다.

구조 조정의 효과는 분명했다. 상설위원회를 비상설로 전환하면서 운영 비용을 줄였고, 필요한 시점에 필요한 논의를 집중적으로 진행할 수 있는 유연성도 확보했다. 위원회의 역할과 책임이 명확해지자, 행정 내부에서 위원회 의견을 다루는 방식에도 변화가 나타났다.

이 장에서 다룬 변화는 눈에 띄는 성과로 보이지 않을 수 있다. 그러나 제도가 제대로 작동하지 않으면 아무리 많은 위원회와 회의가 있어도 정책은 앞으로 나아가기 어렵다. 미래를 논의하기 위해서는 먼저 현재의 구조가 책임을 만들어낼 수 있어야 한다.

중요한 것은 위원회의 수가 아니라, 위원회가 책임을 만들어내는 구조로 작동하도록 설계하는 일이었다. 형식이 아니라 기능을 기준으로 구조를 재정비한 결정이었다.

제7장

통학로를 관리의 사각지대에서 꺼내다

서울특별시 어린이 통학로 교통안전을 위한 조례 개정, 서울특별시교육청 각급학교 학생 교통안전 조례 개정

학교 주변의 교통 문제는 오래된 과제다. 통학 시간대마다 반복되는 혼잡, 보행로와 차도의 경계가 모호한 구간, 보호 시설이 충분하지 않은 횡단 환경은 새로운 문제가 아니었다. 그럼에도 사고가 발생할 때마다 대책은 개별 조치에 머무는 경우가 많았다.

의정활동 과정에서 확인한 것은 학생 교통안전이 여러 주체의 책임으로 나뉘어 있으면서도 정작 하나의 기준으로 관리되고 있지 않다는 현실이었다. 교육청, 자치구, 경찰, 서울시가 각각 역할을 갖고 있지만, 통학로 전체를 하나의 안전 공간으로 바라보는 제도적 틀은 충분하지 않았다. 특히 통학로는 도로이면서 동시에 생활 공간이라는 이중적 성격을 가진다.

차량 흐름 중심의 교통 관리 기준만으로는 학생의 이동을 충분히 보호하기 어렵고, 학교 안의 안전 관리만으로도 한계가 분명했다. 그 결과 통학로는 늘 관리의 사각지대에 놓이기 쉬웠다.

이 문제의식은 기존 조례를 다시 들여다보게 만들었다.

서울특별시 어린이 통학로 관련 조례는 존재했지만, 변화한 교통 환경과 학교 주변의 현실을 충분히 반영하고 있는지에 대해서는 점검이 필요했다. 특히 학생 교통안전과 관련한 교육청과의 역할 분담과 현장 조치의 실효성, 관리 기준의 명확성은 보완이 필요한 지점이었다.

조례 개정의 방향은 분명했다. 통학로를 단순히 시설 설치의 대상으로 보지 않고, 학생의 일상 이동을 보호해야 할 공공의 책임 영역으로 명확히 하는 것이었다. 이를 위해 통학로 안전관리의 범위를 구체화하고, 관계 기관 간 협력의 근거를 정비하는 데 초점을 맞췄다.

또한 통학로 개선이 사고 발생 이후의 대응에 머무르지 않도록 예방 중심의 접근이 필요하다고 판단했다. 학생의 이동 경로를 기준으로 위험 요소를 사전에 점검하고, 반복되는 문제 구간을 체계적으로 관리할 수 있는 제도적 기반을 마련하는 데 초점을 두었다.

이 개정 조례는 학생 교통안전을 특정 기관의 선의나 개별 사업에 맡기지 않는다. 서울시와 서울시교육청, 그리고 관계 기관이 각자의 역할을 분명히 인식하고, 통학로 안전을 공동의 과제로 다루도록 하는 기준을 제도 형태로 명확히 했다는 점이 중요하다.

통학로는 하루 두 번만 붐비는 공간이 아니다. 학생에게는 매일 반복되는 이동의 경로이며, 그 안전은 선택의 문제가 아니다. 어린이 통학로 조례 개정은 학생 교통안전을 일시적 캠페인이 아니라 지속적으로 관리해야 할 제도의 영역으로 포함한 작업이었다.

이 장의 조례 역시 거창한 변화를 약속하지 않는다. 다만 통학로를 바라보는 행정의 판단 기준을 분명히 했다. 학생의 안전을 개인의 주의가 아니라 공공이 책임져야 할 기본 조건으로 규정했다는 점에서 이 개정은 행정의 역할을 다시 설정한 사례였다.

제8장

지원의 공정함은 전달 구조에서 결정된다

서울특별시 장학금 지급 조례 개정

장학금 제도는 이미 존재한다. 문제는 제도의 부재가 아니라, 그 제도가 현실의 변화를 충분히 반영하고 있는가에 있었다. 장학금 지급과 관련된 기준과 절차는 시간이 흐르며 여러 차례 보완을 거쳤고, 그 과정에서 일부 조항은 현재의 행정 환경과 맞지 않게 작동하고 있었다.

의정활동 과정에서 확인한 것은 제도의 취지와 실제 운영 사이에 간극이 존재한다는 점이었다. 지급 대상의 범위와 심사 기준은 문서상으로는 정리되어 있었지만, 해석의 여지가 남아 있는 조항들이 존재했고, 그에 따라 내부 판단이 달라질 가능성도 배제하기 어려웠다. 지급 절차 역시 규정과 관행이 혼재되어 있어, 행정의 일관성을 확보하기 위해서는 구조적인 점검이 필요했다. 장학금이 필요한 학생에게 정확히 전달되고 있는지, 동일한 상황에서 동일한 판단이 이루어지고 있는지에 대한 질문이 자연스럽게 제기되었다.

이번 개정의 출발점은 확대가 아니었다. 새로운 장학금을 만들거나 지원 규모를 늘리는 것이 아니라, 기존 제도가 안정적으로 작동할 수 있도록 구조를 정비하는 데 목적이 있었다. 지급 기준을 보다 구체화하고, 심사 절차와 책임 주체를 명확히 하며, 행정 내부에서 과도한 재량 해석이 발생하지 않도록 조항을 정리하는 작업이었다.

특히 지급 결정 과정의 투명성과 책임성을 강화하는 데 초점을 두었다. 장학금은 공적 재정이 투입되는 제도인 만큼, 선정 기준과 결정 과정은 명확하고 예측 가능해야 한다. 어떤 기준에 따라 대상이 선정되는지, 이의 제기나 정정 절차는 어떻게 운영되는지, 관리와 점검은 어떤 방식으로 이루어지는지가 제도 안에서 분명히 드러나야 했다. 개정은 이러한 요소들을 조례 체계 안에 다시 정리하는 과정이었다.

이 개정은 장학금의 성격이나 취지를 바꾸기 위한 것이 아니었다. 지원의 방향은 유지하되, 운영 과정에서 발생할 수 있는 혼선을 줄이고 행정이 일관된 기준으로 판단할 수 있도록 보완하는 데 의미가 있었다. 제도가 오래될수록 점검과 정비가 필요하다는 전제 위에서 이루어진 선택이었다.

장학금 정책은 단기적인 성과보다 지속성이 중요하다. 제도가 불안정하면 지원은 담당자의 판단이나 관행에 기대게 되고, 그 관행은 상황에 따라 달라질 수 있다. 장학금 지급을 개인의 판단에 맡기지 않고 제도의 책임으로 고정하는 일은 정책 신뢰를 유지하기 위한 조건에 가깝다.

이 개정을 통해 장학금 지급에 대한 행정 기준은 한층 명확해졌다. 겉으로 드러나는 변화는 크지 않을 수 있다. 그러나 예측 가능하게 작동하는 제도만이 신뢰를 축적한다. 장학금이 안정적으로 운영될 수 있어야 그 취지도 흔들리지 않는다.

이 장의 개정은 새로운 제도를 만드는 일이 아니었다. 이미 존재하는 제도가 책임 있게 작동하도록 구조를 정비한 선택이었다. 정책의 신뢰는 확대에서가 아니라, 기준이 일관되게 유지되는 운영 속에서 축적된다.

제9장

움직이는 공공서비스의 기준

서울특별시 마을버스 시내버스 재정지원 및 안전 운행기준 조례 개정

대중교통은 가장 일상적인 공공 공간이다. 누구나 이용하고, 누구나 노출된다. 그렇기에 안전은 사고 예방에만 국한되지 않는다. 이용 과정에서 느끼는 불안과 불쾌감 역시 공공이 책임져야 할 영역에 포함된다.

최근 버스 이용 과정에서 반복적으로 제기된 문제는 물리적 사고와는 다른 종류의 불안이었다. 일부 승객이 버스 안에서 음란물을 시청하거나, 주변 승객에게 성적 수치심을 유발하는 행동을 하는 사례가 보고되었다. 이러한 행위는 직접적인 폭력으로 드러나지 않더라도 공간 전체의 안전감을 훼손한다는 점에서 가볍게 볼 수 없는 문제였다.

그러나 이에 대한 기준은 충분히 정비되어 있지 않았다. 버스는 운송 수단이면서 동시에 공공 공간이지만, 기존의 안전 운행 기준은 주로 운전 행위와 차량 관리에 집중되어 있었다. 이용 과정에서 발생하는 성적 불쾌감이나 위협을 어떻게 다룰 것인지에 대해서는 명확한 규정이 부족했다.

이 지점에서 질문은 분명해졌다. 대중교통 안에서의 성적 불쾌 행위는 개인 간의 문제로만 다뤄져야 하는가, 아니면 공공 교통 질서를 훼손하는 사안으로 제도의 언어 안에 포함되어야 하는가. 후자라면 그 기준은 조례를 통해 분명히 제시되어야 했다.

개정은 이러한 문제의식에서 이루어졌다. 마을버스와 시내버스의 재정지원 및 안전 운행기준 관련 조례를 함께 정비하여, 운전자나 승객에게 성적 수치심을 유발하는 행위를 제한 대상에 포함시켰다. 이는 새로운 처벌을 만드는 조치가 아니라, 공공 교통 공간에서 허용되지 않는 행위의 범위를 제도적으로 분명히 한 결정이었다.

이 개정의 초점은 단속 강화에 있지 않았다. 대중교통을 이용하는 과정에서 느끼는 불안이 개인의 인내나 회피로 해결되어서는 안 된다는 점을 제도 차원에서 확인하는 데 있었다. 특히 마을버스와 시내버스는 노약자, 청소년, 여성 등 다양한 시민이 일상적으로 이용하는 공간이라는 점에서, 이용 환경에 대한 안전의 원칙은 더욱 분명해야 했다.

또한 재정지원과 안전 운행 기준을 함께 다루는 조례의 성격상, 이번 개정은 운영 주체에게도 분명한 책임의 범위를 제시한다. 단순히 차량을 운행하는 데 그치지 않고, 이용자의 안전과 운행 환경 전반에 대한 책임을 제도적으로 분명히 했다.

이 개정은 큰 변화를 약속하지 않는다. 다만 공공교통 안에서 무엇이 허용되고 무엇이 허용되지 않는지에 대한 판단 기준을 명확히 한다. 일상의 안전을 사고 이후의 대응이 아니라, 사전에 설정된 기준에 따라 관리하겠다는 구조를 제도 안에 두었다는 점에서 의미가 있다.

버스는 이동의 수단이면서 동시에 일상의 공간이다. 그 공간의 안전은 단순히 목적지에 도착하는 문제를 넘어, 시민이 안심하고 이용할 수 있는 조건을 포함한다. 대중교통을 공공의 공간으로 명확히 위치시키고, 그 공간의 질서를 제도 안에서 관리하도록 한 결정이었다.

제10장

주정차 단속의 한계, 지방정부가 넘을 수 없는 선

「도로교통법」 개정 촉구 건의안

불법 주정차는 가장 일상적인 교통 문제다. 동시에 가장 해결되지 않는 문제이기도 하다. 단속은 반복되지만 불편은 줄지 않고, 민원은 끊이지 않는다. 특히 보행자 안전과 직결되는 구역에서의 불법 주정차는 단순한 질서 위반을 넘어 공공의 위험으로 이어진다.

의정활동 과정에서 반복적으로 제기된 민원 역시 같은 지점을 가리키고 있었다. 소화전 인근, 횡단보도, 초등학교 정문 앞, 인도, 공항 진입로 등 명백히 위험한 구간임에도 불구하고 불법 주정차는 꾸준히 발생하고 있었다. 문제는 단속 의지가 아니라 단속 구조 자체의 한계였다.

현재 불법 주정차 단속은 주로 지방자치단체가 담당하고 있다. 현장 단속과 과태료 부과는 지자체의 몫이지만, 단속 인력과 권한에는 제약이 있다. 단속은 단발성에 그치기 쉽고, 반복 위반에 대한 실효성 있는 대응도 제한적이다. 이로 인해 시민들 사이에서는 단속이 형식적으로 이루어진다는 인식이 형성되고, 위반은 다시 반복된다.

특히 문제는 위험 구역과 일반 위반을 동일한 수준으로 다루는 구조였다. 보행자의 생명과 직결되는 장소에서의 주정차 위반과, 상대적으로 위험도가 낮은 위반이 같은 방식으로 처리되는 현실은 제도 설계를 다시 검토하게 했다. 위험의 정도에 따라 대응 수단 역시 달라져야 한다는 판단이 자연스럽게 이어졌다.

이 지점에서 지방정부의 한계는 명확해졌다. 불법 주정차 문제를 보다 강하게 관리하기 위해서는 단순한 과태료 부과를 넘어서는 제도적 수단이 필요했지만, 이는 지방자치단체의 권한 범위를 넘어서는 영역이었다. 결국 문제는 집행의 문제가 아니라, 법 체계의 문제로 이어졌다.

그래서 선택한 방식이 「도로교통법」 개정 촉구 건의안이었다. 지방자치단체 단독 단속 구조에서 벗어나, 경찰청이 주정차 위반 단속을 분담함으로써 보다 효율적인 관리 체계를 마련해야 한다는 문제 제기였다. 특히 소화전 5미터 이내, 횡단보도, 초등학교 정문 앞, 인도, 공항 진입로 등 공공의 불편과 위험을 초래하는 구역에 대해서는 보다 엄격한 기준이 필요하다고 보았다.

건의안의 핵심은 명확했다. 이러한 위험 구역 내 주정차 위반에 대해서는 형사처벌형 범칙금을 적용하고, 기존보다 높은 수준의 범칙금을 부과할 수 있도록 법적 근거를 마련하자는 것이었다. 반복 위반이나 즉각적인 조치가 필요한 경우에는 '바너클 Barnacle'과 같은 물리적 장치의 활용도 가능하도록 제도를 보완할 필요가 있다는 점도 함께 담았다.

이 건의안의 초점은 단속 강화에 있지 않았다. 불법 주정차를 개인의 일탈로만 보지 않고, 도시의 안전과 직결된 구조적 문제로 인식해야 한다는 관점을 분명히 하는 데 있었다. 특히 보행 약자와 어린이의 안전이 위협받는 구역에서는 보다 명확하고 강한 공적 개입이 필요하다는 인식이 전제되어 있었다.

지방의회가 법 개정 촉구에 나선 이유도 여기에 있다. 현장의 문제는 지방정부가 가장 먼저 감지하지만, 해결을 위한 제도적 수단은 중앙 법률에 묶여 있는 경우가 많다. 이 불일치를 해소하기 위해 지방의회는 현장의 문제를 법 체계에 전달하는 역할을 수행해야 한다고 판단했다.

이 장의 건의안은 지방정부가 할 수 있는 일과 할 수 없는 일을 구분하는 데서 멈추지 않는다. 넘을 수 없는 선 앞에서 멈추는 대신, 제도 자체의 수정을 요구하는 것 역시 의정활동의 역할에 포함된다는 점을 보여준다.

　불법 주정차 문제는 단속의 문제가 아니라 구조의 문제다. 이 건의안은 현행 구조의 한계를 드러내며 제도적 변화를 요구했고, 그 과정에서 지방의회의 역할을 제도의 차원에서 다시 규정했다.

제11장

이용 행위의 선을 제도로 그리다

서울특별시 어린이놀이시설 안전관리 지원 조례 개정

어린이놀이시설은 가장 기본적인 공공 공간 중 하나다. 아이들이 일상적으로 이용하고, 보호자가 안심할 수 있어야 하며, 지역사회가 함께 관리해야 할 공간이다. 그럼에도 놀이시설은 종종 관리의 사각지대에 놓여 왔다. 설치와 점검은 이루어지지만, 이용 과정에서 발생하는 문제는 명확한 기준 없이 방치되는 경우가 많았다.

의정활동 과정에서 확인한 문제 역시 시설 자체의 안전성보다 그 공간이 어떻게 사용되고 있는가에 가까웠다. 놀이 목적과 무관한 위험한 물건을 던지거나 타격하는 행위, 시설 내에서 음란물을 시청하거나 이용자와 관리자에게 성적 수치심을 유발하는 행동이 반복되고 있었다.

이러한 행위는 단순한 예의의 문제가 아니다. 놀이시설은 어린이를 위한 공간이고, 그 안전은 물리적 사고뿐 아니라 정서적 안정까지 포함한다. 특정 개인의 일탈적 행동이 공간 전체의 성격을 훼손할 경우, 그 피해는 가장 취약한 이용자인 어린이에게 돌아간다.

문제는 대응 기준이 명확하지 않다는 점이었다. 「어린이놀이시설 안전관리법」은 시설의 설치와 관리에 대한 기본 틀을 제공하지만, 이용 행위에 대한 구체적 제한은 조례를 통해 보완할 수 있도록 하고 있다. 그러나 기존 서울시 조례에는 이러한 행위 기준이 충분히 정리되어 있지 않았다.

이 지점에서 개정의 필요성이 분명해졌다. 어린이놀이시설을 단순히 설치된 시설로 관리하는 것이 아니라, 어떤 행위가 허용되고 어떤 행위가 허용되지 않는지에 대한 기준을 제도로 명확히 해야 한다는 판단이었다. 이는 단속 강화를 위한 조치가 아니라, 공간의 성격을 분명하게 하는 작업에 가까웠다.

개정의 핵심은 행위 제한 규정의 신설이다. 어린이 놀이 활동 목적과 무관한 위험 행위, 시설 이용자나 관리자에게 성적 수치심을 유발하는 행위를 제한 대상으로 명확히 규정함으로써 관리 주체가 개입할 수 있는 근거를 마련했다. 이는 현장에서 반복되던 혼선을 줄이고 대응 기준을 통일하기 위한 조치였다.

이 개정은 처벌 중심의 접근을 취하지 않는다. 중요한 것은 사전에 공간의 성격을 분명히 하고, 문제가 발생했을 때 관리자가 책임 있게 대응할 수 있도록 하는 일이다. 놀이시설이 어린이를 중심에 둔 공간으로 유지되기 위해 필요한 최소한의 제도적 장치였다.

어린이놀이시설은 작은 공간이지만, 그 관리 기준은 도시가 누구를 우선에 두는지 드러낸다. 안전을 개인이나 보호자의 책임에만 맡기지 않고 공공의 책임으로 규정했다는 점에서 이번 개정은 그 기준을 제도 안에 명확히 두었다.

제12장

K리그와 잔디, 축구 팬의 속만 타들어갔다

서울특별시립체육시설의 설치 및 운영에 관한 조례 개정

서울월드컵경기장을 비롯한 서울시립 체육시설은 시민 모두의 자산이다. 경기와 행사, 각종 대회가 열리는 공간이자, 도시의 얼굴이 되는 장소이기도 하다. 그러나 이 시설들이 반복적으로 겪고 있던 문제는 이용의 부족이 아니라, 과도한 사용으로 인한 관리 한계였다.

특히 잔디 훼손 문제는 오랫동안 반복되어 온 사안이었다. 경기 일정이 밀집되고, 각종 행사와 대관이 이어지면서 잔디 관리에 충분한 회복 시간이 주어지지 않았다. 그 결과 잔디 상태는 지속적으로 악화되었고, 이는 선수들의 부상 위험 증가와 경기 질 저하로 이어졌다. 시설을 많이 사용하는 것이 곧 잘 관리되는 것을 의미하지는 않는다는 점이 현장에서 확인되었다.

문제는 관리 의지의 부족이 아니었다. 현행 조례에는 체육시설 잔디 보호를 위한 사용 제한 기준과 관리 의무가 명확하게 규정되어 있지 않았다. 관리 주체는 존재했지만, 어디까지가 허용이고 어디부터가 제한인지에 대한 기준이 분명하지 않았다. 이로 인해 시설 운영은 관행에 의존하게 되었고, 책임의 범위 역시 명확히 구분되지 않았다.

이 지점에서 질문은 단순해졌다. 공공 체육시설을 계속해서 사용하면서도 그 기능과 안전을 어떻게 유지할 것인가. 답은 이용을 막는 데 있지 않았다. 사용의 기준을 분명히 하고, 그 기준에 대한 책임을 명확히 하는 일이 필요했다.

개정은 이러한 문제의식에서 출발했다. 체육시설의 잔디 보호를 위해 사용 제한 규정을 신설하고, 경기나 행사 주최자의 관리 책임을 구체화하는 것이 핵심이었다. 이는 특정 행사를 배제하기 위한 조치가 아니라, 시설이 반복적으로 사용되는 환경에서 그 품질과 안전을 유지하기 위한 최소한의 제도적 장치였다.

특히 잔디 상태는 선수의 안전과 경기의 공정성에 직결된다. 이 문제는 단순한 시설 관리의 차원을 넘어, 공공 체육시설을 어떤 기준으로 운영할 것인가의 문제로 이어진다. 잔디 훼손을 방치하는 것은 단기적 활용을 위해 장기적 가치를 소모하는 선택에 가깝다.

이 조례 개정은 공공시설을 평가하는 기준을 바꾼다. 많이 쓰는 것을 성과로 삼는 방식에서 지속 가능하게 사용하는 것을 책임으로 삼는 방식으로 무게를 옮긴다. 시설을 관리한다는 것은 사용을 허가하는 일이 아니라, 그 사용이 남기는 영향을 함께 관리하는 일이라는 점을 제도적으로 분명히 했다.

행사 유치와 시설 활용이라는 명분 뒤에 가려졌던 관리의 문제를 공론의 영역으로 끌어냈다는 점에서도 의미가 있다. 공공시설은 언제든 사용할 수 있어야 한다. 그러나 그 사용은 일회성에 그쳐서는 안 되며 지속적으로 유지되어야 한다. 이번 개정은 공공자산의 사용과 관리에 대한 책임 범위를 제도 차원에서 명확히 한 결정이었다.

제13장

권한과 책임의 균형을 다시 묻다

관광버스 내 난동 행위 방지 및 승객 안전의무 강화를 위한 법령 개정 촉구 건의안

관광버스는 이동 수단이자 여러 사람이 함께 머무르는 공간이다. 낯선 사람들이 일정 시간 같은 공간에 머무르고, 운전자는 운행과 안전을 동시에 책임진다. 그러나 의정활동 과정에서 확인한 현실은, 이 구조 안에서 발생하는 위험에 대해 책임의 배분이 합리적으로 설계되어 있지 않다는 점이었다.

관광버스 내에서 승객이 난동을 부리는 경우, 운전자는 즉각적인 대응이 필요하다는 압박을 받는다. 문제는 그에 상응하는 권한이 명확히 부여되어 있지 않다는 데 있다. 현행 법 체계에서는 운전자가 난동 승객을 퇴거시키거나 강제 조치를 취할 수 있는 법적 근거가 충분하지 않다. 그 결과 현장은 판단이 지연되거나 상황이 악화된 이후에야 개입이 이루어지는 구조로 남아 있었다.

더 큰 문제는 그 이후에 발생한다. 난동 행위가 지속되었음에도 이를 제지하지 못했다는 이유로 운전자가 불이익을 받을 여지도 존재한다. 법적 권한은 부재한데 안전에 대한 책임은 그대로 남아 있는 구조는 운전자에게 과도한 부담을 지운다. 이는 개인의 역량 문제가 아니라 제도 설계의 문제에 가깝다.

이러한 구조는 승객의 안전에도 도움이 되지 않는다. 운전자가 적극적으로 개입하기 어려운 상황에서는 다른 승객 역시 위험에 노출된다. 난동 행위를 억제할 실효적인 제재 수단이 부족한 상태에서는 공공 교통 공간의 질서가 유지되기 어렵다.

이 문제의식에서 출발한 것이 법령 개정 촉구 건의안이다. 핵심은 명확했다. 난동 행위에 대한 제재 수준을 현실에 맞게 조정하고, 운전자의 법적 권한과 책임을 균형 있게 재설계해야 한다는 점이다.

구체적으로는 「경범죄 처벌법」상의 벌금 기준을 대폭 상향하여, 관광버스 내 난동 행위가 가벼운 위반으로 인식되지 않도록 할 필요가 있다고 보았다. 동시에 「도로교통법」과 「여객자동차 운수사업법」 개정을 통해 운전자가 난동 승객에 대해 퇴거 조치 등 실효적인 대응을 할 수 있도록 법적 근거를 명확히 해야 한다는 내용이 담겼다.

이 건의안은 단속 강화를 요구하는 것이 아니다. 운전자를 처벌의 대상이 아니라, 안전을 관리하는 주체로 인정하자는 제안에 가깝다. 권한 없이 책임만 부과하는 구조는 현장을 위축시키고, 결과적으로 시민의 안전을 해칠 수밖에 없다.

관광버스는 일상적인 교통수단은 아니지만, 사고가 발생할 경우 피해는 집단적으로 나타난다. 그렇기에 사후 대응보다 사전에 기준을 마련하는 일이 중요하다. 난동 행위에 대한 제재 기준과 운전자가 개입할 수 있는 법적 근거는 공공 안전을 유지하기 위한 기본 조건에 해당한다.

이 장의 건의안은 안전의 책임을 누구에게, 어떤 방식으로 부여할 것인가라는 기준의 문제로 이어진다. 이번 법령 개정 촉구는 책임을 개인에게 떠넘기는 구조에서 벗어나, 권한과 책임이 균형을 이루는 제도로 나아가기 위한 시도였다.

공공의 안전은 개인의 희생에 기대어 유지될 수 없다. 권한과 책임이 분리된 구조를 바로잡지 않는 이상 현장은 위축되고 위험은 반복된다.

제14장

비워두는 공간의 의미

서울특별시 긴급차량 출동환경 조성 및 관리에 관한 조례 개정

소방차 전용구역은 평소에 눈에 잘 띄지 않는다. 사건이 없을 때는 비어 있어야 하기 때문에 존재 자체가 잊히기 쉽다. 그러나 재난이 발생하는 순간, 이 공간의 유무는 대응의 속도를 결정한다. 소방차 전용구역은 단순한 주차 금지 구역이 아니라, 생명과 직결된 출동 동선의 일부다.

「소방기본법」에 따라 설치되는 소방차 전용구역의 취지는 명확하다. 화재나 재난 상황에서 소방차가 신속하게 현장에 접근하고, 즉각적인 대응이 가능하도록 하기 위함이다. 하지만 의정활동 과정에서 확인한 현실은, 이 공간이 제 역할을 하지 못하는 사례가 반복되고 있다는 점이었다.

현장에서는 불법 주정차, 적치물 설치 등으로 인해 소방차 전용구역이 계속 훼손되고 있었다. 일부는 잠깐이라는 이유로, 일부는 관행이라는 이유로 공간을 점유했다. 문제는 이러한 행위가 단속의 사각지대에 놓이기 쉽다는 점이었다. 전용구역의 존재는 인지하고 있다 해도, 관리의 책임과 범위는 명확하지 않았다.

이 지점에서 질문은 분명해졌다. 소방차 전용구역은 단속의 대상인가, 아니면 관리의 대상인가. 단순히 위반을 적발하는 방식만으로는, 재난 대응의 실효성을 담보하기 어렵다고 판단했다. 전용구역을 하나의 점이 아니라, 출동환경 전체의 일부로 관리할 필요가 있었다.

개정은 이러한 문제의식에서 출발했다. 소방차 전용구역을 명확하게 정의하고, 이를 긴급차량 출동환경 조성과 관리계획의 수립·시행 대상에 포함시키는 것이 중심이었다. 전용구역을 개별시설로 다루는 대신, 출동 경로와 환경을 함께 관리하는 체계 안에 두려는 시도였다.

개정은 처벌 강화를 위한 조치가 아니다. 소방차 전용구역을 상시적으로 관리해야 할 영역으로 규정하고, 계획 수립과 실행의 범위에 포함시켜 현장에서 지속적으로 점검되도록 하는 구조를 마련했다.

재난 대응은 순간의 판단으로 이루어지지 않는다. 그 순간을 가능하게 하는 준비는 평상시에 축적된다. 출동 동선이 막히지 않도록 비워두는 일, 적치물이 쌓이지 않도록 관리하는 일은 눈에 띄지 않지만 가장 기본적인 안전 인프라에 해당한다.

이 개정은 도시가 재난을 어떻게 이해하는지를 보여준다. 재난 이후의 대응뿐 아니라, 재난 이전의 환경 관리까지 제도의 책임으로 포함시켰다는 점에 의미가 있다. 소방차 전용구역은 단순한 공간이 아니라, 도시가 위기 상황에서 작동할 수 있는지를 가늠하는 기준이다.

비워두는 공간은 낭비가 아니다. 그 공간을 지속적으로 관리하는 일은 재난의 순간을 준비하는 가장 현실적인 방법이다. 긴급차량의 출동 환경을 우연에 맡기지 않겠다는 판단을 제도 안에 담은 결정이었다.

기쁜 날인데 왜 분쟁이 남는가

서울특별시 결혼준비대행업 관리 및 소비자 보호에 관한 조례

결혼은 사적인 선택이지만, 그 과정은 점점 산업화되어 왔다. 드레스, 촬영, 메이크업, 예식장 계약과 연계 서비스까지 전 과정을 대행업체에 맡기는 방식은 이제 낯설지 않다. 그러나 이용이 늘어날수록 불투명한 계약 구조와 정보 비대칭으로 인한 피해 역시 반복되고 있었다. 계약 당시 설명되지 않았던 추가 비용이 뒤늦게 청구되거나, 패키지 계약에 포함된 서비스의 범위가 모호하게 해석되면서 분쟁이 발생하는 사례가 적지 않았다.

의정활동 과정에서 확인한 피해 사례들 역시 유사한 양상을 보였다. 계약 조건은 복잡했고, 선택 가능한 옵션과 필수 항목의 구분은 명확하지 않았다. 해지나 환불 기준은 계약서에 기재되어 있더라도 소비자가 이해하기 어려운 방식으로 작성된 경우가 많았고, 분쟁이 발생한 이후에는 책임 소재를 가리기 쉽지 않았다. 소비자는 결국 개별적으로 대응해야 했고, 구조적으로 불리한 위치에 놓이곤 했다.

이 문제는 특정 업체의 일탈로 설명되기 어려웠다. 결혼준비대행업은 여러 서비스를 묶어 제공하는 구조를 가지고 있어 계약 내용이 복합적일 수밖에 없다. 이 구조에서는 소비자가 계약 전 충분한 정보를 확보하기 어렵고, 사전어 예상하지 못한 비용이나 조건이 뒤늦게 드러날 가능성이 높다. 그럼에도 이를 관리할 명확한 제도적 기준은 충분히 마련되어 있지 않았고, 이 공백이 반복적인 피해로 이어지고 있었다.

이 지점에서 질문은 분명해졌다. 결혼 준비 과정에서 발생하는 소비자 피해를 개인의 선택과 주의의 문제로만 남겨둘 것인가, 아니면 거래 질서를 제도적으로 정리할 것인가라는 물음이었다.

조례는 이 질문에 대한 제도적 응답이었다. 계약 체결 시 제공해야 할 정보의 범위를 구체화하고, 계약서에 포함되어야 할 필수 기재 사항을 명확히 하며, 해지와 환불 기준을 사전에 고지하도록 했다. 또한 분쟁 발생 시 행정이 관리하고 조정할 수 있는 체계를 마련함으로써, 피해가 발생한 이후에야 개입하는 구조에서 벗어나고자 했다. 이는 시장을 위축시키기 위한 조치가 아니라, 산업으로 인정받는 영역이라면 그에 상응하는 최소한의 책임과 기준을 갖추어야 한다는 판단에 따른 것이었다.

조례를 통해 결혼준비대행업의 범위와 관리 대상이 보다 명확해졌다. 정보 제공 기준, 계약 절차, 분쟁 예방과 관리 체계가 제도의 언어로 정리되었고, 흩어져 있던 기준이 하나의 틀 안에 묶였다. 전국 최초로 제정된 관리 조례로서, 이 분야를 정책적으로 다루기 시작했다는 점에서도 의미가 있었다.

이 조례의 초점은 단기적인 효과에 있지 않았다. 피해를 사후적으로 처리하는 구조에서 벗어나, 사전에 예방 가능한 기준을 마련하는 데 있었다. 소비자가 모든 위험을 감수해야 하는 상태를 당연한 것으로 두지 않겠다는 판단이었다.

결혼은 개인의 선택이지만, 그 선택을 둘러싼 시장은 공공의 기준 위에서 작동해야 한다. 일상의 영역이라 하더라도 구조적 위험이 반복된다면 제도는 개입해야 한다. 이 조례에는 일상의 거래 질서 역시 공공이 책임질 수 있는 영역이라는 인식이 담겨 있다.

제16장
책임과 교화의 경계

촉법소년 제도 개선을 위한 「소년법」 개정 촉구 건의안

최근 청소년 범죄를 둘러싼 논의는 단순한 증가 여부를 넘어, 범죄의 성격이 어떻게 변하고 있는가에 대한 질문으로 이어지고 있다. 범죄는 점점 흉포화되고 집단화되는 양상을 보이고 있으며, 그중 상당수가 현행 소년법상 형사책임이 면제되는 촉법소년 연령에 해당하는 청소년에 의해 발생하고 있다는 점이 반복적으로 지적되어 왔다.

현행 「소년법」은 만 14세 미만 아동에게 형사책임을 부과하지 않는다. 이는 아동과 청소년의 교화 가능성을 전제로 한 제도적 선택이며, 보호처분을 통해 재사회화를 도모하겠다는 취지를 담고 있다. 그러나 현실에서 이 취지가 충분히 작동하고 있는지에 대한 문제 제기가 제도 논의의 대상으로 떠올랐다. 형사책임이 전혀 부과되지 않는 구조에 대한 인식이 확산되면서, 보호처분만으로는

행위의 책임성을 충분히 전달하기 어렵다는 지적도 이어졌다.

　문제는 처벌의 강도가 아니라 책임의 구조였다. 어떤 행위가 사회적으로 용인될 수 없는지에 대한 기준이 제도 안에서 분명히 작동하지 않을 경우, 교화 역시 제 역할을 하기 어렵다. 책임이 전제되지 않은 교화는 교육의 효과를 약화시키고, 그 결과는 다시 사회 전체의 부담으로 이어질 수 있다.

　이러한 문제의식에서 촉법소년 제도 개선을 위한 「소년법」 개정 촉구 건의안을 제안했다. 핵심은 촉법소년 연령을 현행 만 14세 미만에서 만 13세 미만으로 조정함으로써 일정 수준의 책임 기준을 제도 안에 다시 설정하자는데 있었다. 이는 청소년을 조기에 처벌의 대상으로 확대하려는 취지가 아니라, 책임과 교화가 함께 작동할 수 있는 제도적 출발선을 다시 정비하자는 제안이었다.

　이 건의안은 책임을 강조하면서도 청소년의 회복 가능성을 배제하지 않는다. 형사책임 연령 조정과 함께 교화와 재활 프로그램의 실질적 강화, 반복 범죄를 예방하기 위한 관리 체계, 그리고 피해자 보호를 병행해야 한다는 점을 전제로 삼았다. 책임을 묻되, 그 책임이 파괴가 아니라 회복으로 이어지도록 설계해야 한다는 입장이었다.

　동시에 이 논의는 피해자의 관점에서도 읽혀야 한다. 아무런 책임도 부과되지 않는 구조에서는 피해가 제도 안에서 충분히 다뤄지기 어렵고, 이는 법과 사법에 대한 신뢰를 약화시킨다. 책임을 묻는다는 것은 가해자만의 문제가 아니라 피해자의 회복과 사회의 신뢰를 함께 고려하는 문제다.

청소년 범죄를 다루는 일은 언제나 신중한 판단을 요구한다. 그러나 책임의 기준이 지나치게 비워진 제도 역시 안정적으로 작동하기 어렵다. 촉법소년 제도 개선 논의는 청소년의 성장 가능성을 존중하면서도, 사회가 유지해야 할 최소한의 책임 기준을 어디에 둘 것인가를 묻는다.

이 건의안은 처벌의 강도를 높이자는 제안이 아니다. 책임과 회복을 함께 설계해야 한다는 점을 제도 논의의 중심에 두자는 제안이다. 촉법소년 제도 개선을 둘러싼 이 판단에는 청소년을 보호하는 일과 사회의 신뢰를 지키는 일이 분리될 수 없다는 인식이 담겨 있다.

기록을 남기며

1부는 임기 동안의 의정활동을 시간의 흐름에 따라 정리한 기록이다. 그러나 단순한 활동 목록이 아니라, 판단이 어떻게 제도의 언어로 옮겨졌는지를 따라간 기록에 가깝다.

조례와 건의안, 위원회 활동이라는 형식으로 남아 있지만 출발점은 대체로 같았다. 반복되는 민원, 설명되지 않는 불편, 책임의 주체가 비어 있는 현장이었다.

정치는 종종 결과로 평가된다. 몇 개의 조례를 만들었는지, 어떤 성과를 냈는지가 앞에 놓인다. 그러나 실제 의정활동의 많은 시간은 결과 이전의 판단에 가까웠다. 무엇을 문제로 볼 것인지, 어디까지를 개인의 영역으로 두고 어디부터를 제도의 영역으로 설정할 것인지, 그 경계를 정하는 일이었다.

1부는 담긴 입법과 건의안은 거창한 변화를 약속하지 않는다. 대신 공통된 질문을 공유한다. 일상의 위험과 불편을 개인의 선의에 맡겨둘 것인가, 아니면 제도의 책임으로 포함시킬 것인가. 통학로와 대중교통, 놀이시설과 체육시설, 재난 대응과 소비자 보호, 청소년 범죄까지 서로 다른 사안처럼 보이지만 판단의 출발점은 다르지 않았다.

의정활동을 통해 분명해진 사실이 있다. 책임이 비어 있는 제도는 결국 가장 약한 사람에게 부담을 남긴다. 아이와 노인, 이용자와 소비자, 현장의 노동자와 피해자에게 위험이 전가되고, 제도는 한 걸음 물러서 있는 구조가 반복된다.

그래서 이 기록은 성과보다 판단을 남기고자 했다. 왜 이 문제를 제도로 다루어야 한다고 보았는지, 왜 기준을 세우는 일이 필요하다고 판단했는지를 정리했다. 정치는 모든 문제를 해결하는 일이 아니라, 무엇을 어떻게 다룰 것인지의 기준을 분명히 하는 일에 가깝다.

1부는 결론을 제시하지 않는다. 다만 어떤 선택이 어떤 기준 위에서 이루어졌는지를 남긴다. 다음은 그 기준이 어떤 관점으로 이어졌는지에 대해 이야기할 차례다. 2부에서는 현장의 판단이 어떻게 생각의 틀로 정리되었는지를 다룬다.

제2부

관점
(Perspective)

기준의 정리

2부는 무엇을 했는지를 다시 정리하는 부분이 아니다. 이미 1부에서 충분히 다뤘다. 어떤 조례를 발의했고, 어떤 질문을 던졌으며, 어떤 선택을 했는지는 기록으로 남아 있다. 이 부는 그 선택 이전에 있었던 생각과 판단의 틀을 정리하는 자리다.

정치를 하며 분명해진 점이 있다. 많은 갈등은 정책의 옳고 그름보다 판단의 출발점에서 비롯된다는 사실이다. 같은 사안을 두고도 전혀 다른 결론에 이르는 이유는 정보의 부족이 아니라 무엇을 먼저 보고, 무엇을 우선에 두느냐의 차이에 가깝다. 안전을 어떻게 정의하는지, 성장을 어디까지 허용할 것인지, 복지를 어떤 구조로 이해하는지에 따라 결론은 달라진다.

이 부에서 다루는 주제들은 낯설지 않다. 안보와 경제, 복지와 교육, 기술과 미래는 늘 정치의 중심에 있었다. 다만 여기서는 정책의 세부나 제도의 설계보다, 그 즈제들을 마주할 때 스스로에게 던졌던 질문을 정리한다. 빠른 허답보다 판단의 기준을, 즉각적인 결론보다 방향을 남기고자 한다.

이 판단의 틀은 한 번에 만들어진 것이 아니다. 현장에서 반복해 마주한 선택의 순간 속에서 다듬어졌고, 지금은 이후의 결정을 좌우하는 전제가 되었다. 다음 부에서 다루게 될 사회에 대한 진단 역시 이 전제 위에서 출발한다.

2부는 그 전제가 어떻게 형성되었는지를 분야별로 정리한 기록이다. 설득을 위한 주장이라기보다, 앞으로의 선택에서도 유지하려는 판단의 기준을 점검하는 과정에 가깝다.

제1장

안보

안보는 선택이 아니다

안보를 이야기할 때 종종 가치와 명분이 먼저 등장한다. 평화, 대화, 신뢰 같은 말들이 앞선다. 그러나 판단의 출발점은 그보다 단순하다. 힘이 있어야 선택지가 생긴다는 사실이다. 힘이 없는 평화는 요청에 가깝고, 힘을 갖춘 평화만이 억지력으로 작동한다.

안보는 의지의 문제가 아니라 능력의 문제다. 상대의 의도가 아무리 온건하더라도, 그 의도가 바뀌었을 때 대응할 수 있는 역량이 없다면 국가는 위험해진다. 그래서 안보는 신뢰보다 대비를, 선언보다 준비를 먼저 요구한다. 이는 공격을 전제로 한 사고가 아니라, 공격을 막기 위한 최소 조건을 갖추자는 판단에 가깝다.

위협은 의도로 판단되지 않는다. 능력으로 판단된다. 상대가 무엇을 말하는지보다, 무엇을 할 수 있는지가 더 중요하다. 이 현실을 외면한 낙관은 평화를 보장하지 못한다. 준비되지 않은 국가는 상대에게 계산을 요구하지 못하고, 그 순간 선택권을 넘겨준다. 안보에서 가장 위험한 태도는 위협을 과장하는 것이 아니라, 위협을 낙관으로 덮는 일이다.

국력이 커진다는 말은 추상적으로 들릴 수 있다. 그러나 안보의 맥락에서는 비교적 구체적이다. 국력은 외교적 수사나 선언으로 형성되지 않는다. 군사력과 정보 역량, 첨단 기술 경쟁력, 이를 장기간 유지할 수 있는 재정과 산업 기반이 함께 작동할 때 국가는 외부 환경에 끌려가지 않는 구조를 갖추게 된다. 특정 요소 하나만으로는 충분하지 않다. 무기 체계가 최신이어도 공급망이 불안정하면 지속성이 흔들리고, 기술력이 있어도 재정이 뒷받침되지 않으면 전략은 오래 유지되기 어렵다.

최첨단 무기 체계의 확보, 안정적인 국방 산업, 동맹에 실질적으로 기여할 수 있는 능력은 선택의 문제가 아니라 국가의 핵심 기능에 해당한다. 힘은 선언으로 증명되지 않는다. 연구개발과 인력, 산업 생태계, 전략 자산의 축적이 시간 속에서 누적될 때 비로소 상대의 계산에 영향을 미치는 역량이 형성된다.

안보를 단순히 물리적 역량의 문제로만 말하면, 소프트파워를 경시하는 것으로 오해받기도 한다. 문화와 가치, 신뢰가 만들어내는 영향력은 분명 중요하다. 다만 소프트파워는 하드파워와 대체 관계에 있지 않다. 스스로를 지킬 수 있는 역량 위에서만 지속된다. 안전이 확보될 때 매력은 확장되고, 신뢰는 유지된다. 문화 산업과 디지털 콘텐츠의 영향력 역시 이러한 조건 위에서 장기적으로 축적된다.

따라서 하드파워와 소프트파워를 대립 구도로 놓는 방식은 적절하지 않다. 물리적 역량은 경계를 지키고, 소프트파워는 영향의 범위를 넓힌다. 국방과 외교, 산업과 문화가 동시에 작동할 때 국가의 역량은 구조적으로 안정된다.

우리나라의 안보는 자율성과 동맹이 함께 작동하는 구조 속에 놓여 있다. 지정학적 환경은 선택할 수 없지만, 그 안에서 어떤 역량을 갖추는지는 선택의 문제다. 동맹은 선언이나 감정의 문제가 아니라 능력과 책임의 문제다. 스스로를 지킬 수 있는 역량이 있을 때 동맹은 대등하게 유지된다. 준비되지 않은 국가는 동맹에 기대지만, 준비된 국가는 동맹을 관리한다. 안보의 자율성이란 고립을 의미하는 것이 아니라 협력 속에서도 선택권을 유지할 수 있는 역량을 뜻한다.

오늘날 안보는 전통적인 군사력만으로 설명되지 않는다. 기술 안보는 반도체, 인공지능, 사이버 역량, 핵심 기술과 공급망 안정성처럼 국가의 선택권을 지탱하는 기반을 포함한다. 산업 기반이 약해지면 군사력도 장기적으로 유지되기 어렵다. 기술 우위는 억지력의 일부이며, 정보 보호와 사이버 방어는 국경을 넘나드는 새로운 전장에 해당한다. 안보는 더 이상 군의 문제에 머물지 않는다. 산업과 과학기술, 경제 정책까지 연결되는 구조 속에서 이해되어야 한다. 결국 기술 안보는 국가가 미래의 선택권을 유지하기 위한 조건에 해당한다.

국가 안보와 일상의 안전은 분리된 문제가 아니다. 국방과 치안은 모두 사후 대응보다 사전 대비를 전제로 한다. 사건이 발생한 뒤에 대응하는 것은 행정의 역할이지만, 사건이 발생하지 않도록 만드는 것이 국가의 책임이다. 안전을 개인의 주의나 사회의 자율에 맡기는 그 순간 치안과 국방은 선택이 가능한 정책 분야가 아니라 국가가 수행해야 할 기본 기능에 해당한다.

이 기준에서 보면 우리 군의 처우는 안보의 중요성을 말해온 수준과 제도적으로 일치하지 않는 지점이 있다. 안보를 국가의 기본 기능으로 본다면, 그 기능을 실제로 수행하는 인력의 처우 역시 국가 책임의 범주 안에서 다뤄져야 한다. 오지 근무가 잦은 구조 속에서 군인 가족의 분리 생활은 개인의 선택이 아니라 제도 운영의 결과로 반복된다. 국가가 수행해야 할 기능을 개인의 희생에 의존하는 구조는 장기적으로 안정적이라 보기 어렵다.

또 하나 짚어야 할 것은 당직 근무를 둘러싼 인력 운용 구조다. 과중한 책임이 소수 인력에 집중되는 상황이 반복될 때, 문제는 개인의 태도가 아니라 제도 설계에 있다. 상시 대비 체제를 유지하겠다면, 현장의 부담이 한계에 이르기 전에 인력 운용과 근무 체계를 제도 차원에서 점검해야 한다.

따라서 안보는 단기 보상이나 일회성 지원으로 유지될 수 없다. 주거와 교육, 가족 동반 근무 체계, 합리적인 근무 순환 구조처럼 생활 기반을 안정시키는 제도 개편이 병행되어야 한다. 국가 기능을 지속 가능하게 만들기 위해서는 현장의 부담이 누적되지 않도록 구조를 조정하는 일이 선행되어야 한다.

안보를 바라보는 기준은 다음과 같이 정리된다.

첫째, 안보는 능력으로 판단한다.

상대의 의도가 아니라 실제 역량을 기준으로 삼는다. 군사력과 기술력은 단기간에 형성되지 않는다.

둘째, 힘은 평화를 유지하는 조건이다.

억지력은 준비된 상태에서만 작동한다. 안보의 목적은 충돌을 확대하는 데 있지 않고 충돌을 예방하는 데 있다.

셋째, 안보는 군의 영역에 한정되지 않는다.

산업, 기술, 공급망 안정성까지 포함하는 구조로 이해되어야 한다.

넷째, 안보는 비용의 문제가 아니라 국가의 기본 기능이다.

사후 대응은 행정의 역할이지만, 위험을 사전에 관리하는 것은 국가의 책임에 속한다.

다섯째, 준비는 주도성을 확보하는 조건이다.

준비된 국가는 상황을 관리하지만, 준비되지 않은 국가는 상황에 끌려간다.

이 장에서 정리한 안보의 기준은 위협을 과장하지도, 외면하지도 않는 태도에 가깝다. 힘을 기반으로 한 안정과 대비를 전제로 한 평화가 그 중심에 놓인다. 안보는 선택 가능한 정책 영역이 아니라, 국가가 수행해야 할 기본 조건이다.

제2장

경제

작은 정부, 작동하는 시장

경제를 이야기할 때 정부의 역할은 늘 논쟁의 중심에 놓인다. 더 개입해야 한다는 주장과 시장에 맡겨야 한다는 주장이 반복된다. 이 논쟁에서 출발점을 분명히 하지 않으면 정책은 쉽게 흔들린다. 경제는 정부가 대신 움직이는 영역이 아니라, 시장이 작동할 조건을 정부가 형성하는 영역이라는 판단에서 출발한다.

작은 정부는 아무것도 하지 않는 정부가 아니다. 오히려 해야 할 일과 하지 말아야 할 일을 명확히 구분하는 정부에 가깝다. 시장이 스스로 움직일 수 있는 공간을 남겨두고, 그 공간이 무질서로 흐르지 않도록 규칙을 세우며 질서를 유지하는 역할이다. 정부가 시장의 주체가 되는 순간, 책임의 경계는 흐려지고 신호는 왜곡된다.

시장에는 스스로 조정하려는 힘이 작동한다. 흔히 말하는 보이지 않는 손은 방임 속에서 작동하지 않는다. 규칙이 자주 바뀌고 개입의 기준이 불분명할수록 시장은 멈춘다. 작은 정부란 시장을 방치하는 것이 아니라, 그 손이 움직일 수 있는 질서를 유지하는 정부에 가깝다. 규칙은 분명해야 하며, 개입은 최소한에 그쳐야 한다.

이 기준이 흔들릴 때 어떤 일이 벌어지는지는 우리나라의 부동산 정책에서 분명히 드러났다. 특히 문재인 정부 시기에 주택 가격 안정을 목표로 한 강한 개입이 반복됐다. 대출 규제, 세제 강화, 거래 제한이 연이어 도입됐고, 정책은 점점 복잡해졌다. 가격을 잡겠다는 의도는 분명했지만, 시장의 작동 방식은 충분히 고려되지 않았다.

정부가 방향을 대신 정하려 들수록 시장의 신호는 왜곡됐다. 공급은 위축됐고, 수요는 규제의 틈을 찾아 움직였다. 정책이 발표될 때마다 기대와 불안이 동시에 커졌고, 거래는 줄었으며 예측 가능성은 낮아졌다. 그 결과 가격 안정이라는 목표와 달리 시장은 불안정해졌다. 주거는 생활의 문제가 아니라 정책 리스크로 인식되기 시작했다.

이 사례는 부동산에만 해당하지 않는다. 비슷한 구조는 다른 영역에서도 반복된다. 특히 모빌리티, 신기술, 의료와 같이 변화의 속도가 빠르고 기존 산업 구조와 이해관계가 얽힌 분야에서는 사전 규제가 강하게 작동해 왔다. 안전과 질서라는 명분은 언제나 중요하다. 그러나 모든 위험을 미리 제거하려는 방식은 새로운 시도를 출발선에서 멈추게 한다.

모빌리티 산업은 대표적인 사례다. 새로운 이동 수단이나 플랫폼이 등장할 때마다 기존 제도는 이를 기존 분류 체계에 맞추려 했고, 허가와 제한이 반복됐다. 제도의 목적은 질서 유지였지만, 분류 체계 자체가 과거 산업 구조를 전제로 설계되어 있었던 만큼 새로운 형태의 사업은 출발 단계에서부터 제약을 받았다. 그 결과 시장은 스스로 적응하기보다 위축되었고, 혁신은 제도와의 마찰 속에서 속도를 잃었다. 변화에 대응하는 규제라기보다, 변화를 늦추는 장치로 기능하는 순간이 반복됐다.

신기술 분야에서도 동일한 구조가 반복된다. 기술은 이미 현실에서 작동하고 있는데, 제도는 위험을 사전에 통제하는 방식에 머물러 있는 경우가 적지 않다. 실증과 검증의 기회를 충분히 부여하기보다 허가 이전 단계에서 문턱을 높이는 방식은 시장 진입 자체를 지연시킨다. 규제의 목적이 공공의 안전을 지키는 데 있다면, 그 방식 또한 변화의 속도와 산업의 특성을 반영해야 한다. 위험을 관리하는 것과 위험을 전면 차단하는 것은 또 다른 문제다. 전자를 선택하지 못할 때 산업의 경쟁력은 구조적으로 밀릴 수밖에 없다.

의료 영역에서도 비슷한 긴장이 존재한다. 공공성과 안전은 반드시 지켜야 할 가치다. 다만 모든 변화를 위험으로 간주하고 사전에 봉쇄하는 방식이 지속 가능한지에 대해서는 점검이 필요하다. 기술 발전과 고령화, 의료 수요의 변화가 동시에 진행되는 상황에서 제도의 경직성은 오히려 접근성을 낮추고 비용을 키울 수 있다. 보호의 방식이 혁신의 가능성을 과도하게 압도하는 순간 그 부담은 결국 환자와 미래 세대에게 돌아간다.

우리나라의 규제 방식은 위험을 사후에 관리하기보다 사전에 차단하는 데 무게를 두어 왔다. 그 선택은 안정성을 높이지만, 변화의 속도가 빠른 산업에서는 실험과 적응의 기회를 줄일 수 있다. 위험을 전면 차단하는 방식은 예측 가능성을 높이는 대신, 대내적으로는 기업의 신규 투자와 연구개발 결정을 지연시키고, 대외적으로는 해외 자본과 글로벌 기업의 진입을 위축시킬 수 있다. 규제가 명확하지 않거나 실증의 기회가 제한될수록 기업은 자원을 보수적으로 배분하게 되고, 자본은 보다 예측 가능한 시장으로 이동한다.

예로, 싱가포르는 새로운 산업이 등장할 때 전면 허용이나 전면 금지 대신, 일정 범위 안에서 실증을 허용하고 조건부로 운영하는 방식을 제도화해 왔다. 무엇이 가능한지, 어떤 조건을 충족해야 하는지가 비교적 분명하다. 반면 서울은 동일한 변화 앞에서 기존 법 체계에 우선적으로 맞추어 판단을 유보하거나 중앙정부와의 권한 관계 속에서 책임이 분산되는 경우가 적지 않았다. 그 차이는 단기간에는 눈에 띄지 않지만, 시간이 지날수록 투자와 인재, 정보 접근성의 차이로 누적된다. 자본은 의지를 평가하지 않고, 조건을 비교한다.

공통된 문제는 개입의 강도가 아니라 개입의 기준이다. 무엇을 막고 무엇을 허용할 것인지에 대한 기준이 분명하지 않을 때 시장은 방향을 잃는다. 정부가 위험을 모두 관리하려 들수록, 개인과 기업은 책임 있는 선택을 할 공간을 잃는다. 작은 정부는 위험을 외면하는 태도가 아니라, 감당 가능한 위험과 공공이 개입해야 할 영역을 구분하는 판단에 가깝다.

이러한 사례들이 보여주는 것은 분명하다. 정부의 개입이 많을수록 문제가 커진다는 주장이 아니다. 개입의 범위와 방식이 시장의 자율 조정 기능을 압도할 때, 정책은 의도와 반대의 결과를 낳을 수 있다는 점이다. 작은 정부는 손을 떼는 선택이 아니라, 시장이 스스로 조정할 수 있는 공간을 남겨두는 판단이다.

경제 정책을 판단할 때 성장은 여전히 중요하다. 성장은 선택 사항이 아니라 전제에 가깝다. 그러나 성장이 모든 판단을 대신할 수는 없다. 속도만 남고 방향이 사라질 때 성장은 지속되기 어렵다. 숫자가 좋아 보이는 정책이 실제 산업과 일자리를 지탱하지 못하는 경우도 적지 않다. 그래서 경제를 볼 때는 지표보다 지속 가능성을 먼저 본다. 지속 가능성을 확보하지 못한 성장은 외부 충격 앞에서 쉽게 흔들린다. 경쟁력은 단기 지표가 아니라 구조의 안정성에서 비롯된다.

산업과 일자리는 결과가 아니라 구조의 문제다. 정부가 직접 고용을 만들 수는 있지만, 그 고용이 유지되는지는 다른 문제다. 산업 정책의 우선순위는 지원이 아니라 환경 조성에 있다. 예측 가능한 규제, 일관된 제도, 장기 투자를 가능하게 하는 신뢰가 먼저 갖춰져야 한다. 일자리는 그 위에서 자연스럽게 만들어진다. 구조가 형성되지 않은 고용은 재정이 멈추는 순간 함께 위축된다.

노동의 보호는 필요하다. 다만 보호의 방식이 산업의 지속 가능성을 훼손하는 순간 그 비용은 다시 노동으로 돌아온다. 고용의 안정성은 기업의 존속 가능성과 분리될 수 없으며, 임금과 근로 조건 역시 생산성과 산업 경쟁력이라는 토대 위에서 유지된다. 작은 정부의 역할은 어느 한쪽의 손을 들어주는 데 있지 않고, 전체 구조가 오래 작동하도록 균형을 조정하는 데 있다. 경제 정책은 선의의 문제가 아닌 지속 가능성으로 검증돼야 할 영역에 가깝다.

경제를 바라보는 기준은 다음과 같이 정리된다.

첫째, 작은 정부는 역할이 명확한 정부다.

정부는 시장을 대신하지 않고, 작동할 조건을 설계한다.

둘째, 시장은 예측 가능성 위에서만 작동한다.

규칙은 분명해야 하고, 개입은 일관돼야 한다.

셋째, 성장은 전제다.

지속 가능하지 않은 성장은 비용으로 돌아온다. 숫자보다 구조를 본다.

넷째, 산업과 일자리는 지원의 규모보다 제도의 안정성에 좌우된다.

투자는 신뢰를 따라 움직인다.

다섯째, 경제 정책은 선의가 아니라 지속 가능성으로 평가돼야 한다.

구조가 남지 않는 정책은 오래가지 않는다.

경제는 삶이 유지되는 방식을 다루는 영역이다. 단기 성과에 따라 방향을 바꿀 수 있는 분야가 아니라, 구조를 통해 지속성을 확보해야 하는 영역이다. 그래서 경제를 다룰 때는 빠른 해답보다 기준이 먼저 서야 한다. 작은 정부와 작동하는 시장이라는 원칙은 개입의 범위를 정하고 역할을 분명히 하는 장치이며, 선택이 흔들리지 않도록 지탱하는 기준이 된다.

제3장

복지

복지는 선의로 유지되지 않는다

복지는 늘 따뜻한 언어로 시작된다. 배려와 공감, 연대 같은 말들은 정책의 출발점으로 충분한 의미가 있다. 다만 복지가 제도로 작동하려면 다른 질문이 따라야 한다. 얼마나 좋은 의도인가보다, 얼마나 오래 유지될 수 있는가가 더 중요하다. 복지는 선의의 선언이 아니라 구조로 설계되는 영역이다.

우리나라의 복지정책은 상당 부분 기준 중위소득을 중심으로 설계돼 있다. 중앙정부 정책이든 지방정부 정책이든 중위소득 150퍼센트 이하를 기준선으로 삼는 경우가 적지 않다. 기초생활수급자, 차상위계층, 한부모가정 등 우선순위는 나뉘지만, 전체 구조를 보면 대상 범위가 비교적 넓게 설정된 복지가 기본값에 가까워졌다.

이 방식의 장점은 분명하다. 사각지대를 줄이고 탈락 위험을 낮춘다. 다만 동시에 다른 문제가 생긴다. 대상이 넓어질수록 지원의 두께는 얇아지고, 정말 어려운 계층에 집중돼야 할 자원은 분산된다. 복지가 확장될수록 체감은 약해지고, 제도는 복잡해진다. 기준은 있지만 방향은 흐려진다.

복지가 설계보다 확대에 익숙해지는 이유는 단순하다. 제도를 줄이는 결정은 즉각적인 반발을 만들지만, 넓히는 결정은 당장 다수의 지지를 받는다. 정책의 효과는 시간이 지나야 드러나지만, 지원의 확대는 즉각 체감된다. 정치의 시간과 제도의 시간이 다르게 흐르는 지점이다. 이 간극이 커질수록 복지는 구조보다 규모로 설명되기 시작한다. 그러나 규모가 커질수록 조정은 어려워지고, 이후에는 방향을 바꾸는 것 자체가 정치적 부담이 된다.

문제는 특정 정책 하나에 있지 않다. 고령화가 빠르게 진행되면서 노인 복지의 재정 부담은 계속 커지고, 저출산 상황에서는 아동과 보육에 대한 지원도 줄이기 어렵다. 여기에 청년을 대상으로 한 현금성 지원까지 확대되면, 복지 전반은 넓고 얇은 구조로 고착될 가능성이 커진다. 그 부담은 결국 납세자의 몫으로 남는다.

이 지점에서 논쟁의 초점은 설계에서 신뢰로 옮겨간다. 지원 대상의 선정 기준이 일관되지 않으면, 제도는 도움을 주면서도 동시에 불만을 쌓는다. 복지는 확대될수록 지지가 커지는 구조가 아니라, 설명이 약해질수록 의심이 커지는 구조를 갖는다.

이 구조를 보여주는 사례로 자주 언급되는 것 중 하나는 서울시 청년수당이다. 청년의 불안정한 노동시장 진입과 주거 부담을 완화하겠다는 취지는 분명하다. 다만 소득 기준을 중위소득 150퍼센트 이하로 설정하고, 현금성 지원을 비교적 넓게 설계한 방식은 제도의 방향성과 자원 배분의 집중도라는 측면에서 재검토가 필요한 지점을 남긴다. 지원의 범위가 넓어질수록 정책의 상징성은 커질 수 있지만, 그만큼 재정의 지속 가능성과 정책 목표의 선명도는 동시에 검증되어야 한다. 이 기준이 어디까지 합리적인지, 그리고 이러한 지원이 청년의 이동성과 자립으로 실질적으로 연결되는지는 성과가 아니라 구조의 관점에서 평가될 필요가 있다.

복지를 공감의 언어로만 다루기 시작하는 순간 기준은 흐려진다. 공동체는 공감만으로 유지되지 않고, 기준 위에서 안정된다. 누군가의 권리가 다른 사람의 권리를 자연스럽게 제약하는 구조를 방치한다면, 이후에는 어떤 권리도 안정적으로 조정되기 어렵다. 권리는 보호돼야 하지만, 그 행사 방식은 설정된 기준 내에서 조정돼야 한다. 이것이 공동체의 최소 기준이다.

복지를 지속 가능하게 만드는 힘은 공감이 아니라 설계다. 누군가의 삶을 지탱하는 제도는 결국 누군가의 세금으로 운영된다. 납세자가 제도의 방향과 기준을 이해하지 못하는 순간, 복지는 정치적으로는 쉬워질 수 있어도 제도적으로는 약해진다. 복지는 권리이지만, 그 권리는 책임의 구조 안에서 설계돼야 한다.

　　납세자의 신뢰는 단순한 동의가 아니라 예측 가능성에서 나온다. 내가 내는 부담이 어디에 쓰이는지, 어떤 기준으로 누가 지원받는지 설명될 수 있어야 한다. 기준기 자주 바뀌고, 대상이 계속 넓어지고, 제도의 목표가 모호해질수록 제도는 도움을 주면서도 동시에 불만을 키운다. 이때 복지는 권리의 체계라기보다 형평 논쟁의 대상이 된다.

　　그래서 복지를 바라보는 기준이 분명해야 한다. 보편성은 필요하다. 사회 구성원이라면 최소한의 안전망은 공유해야 한다. 다만 보편은 최소 기준을 형성하기 위한 장치이지, 모든 문제를 동일한 방식으로 해결하겠다는 의미는 아니다. 보편을 기본으로 하되, 집중은 선별적으로 가야 한다. 특히 중위소득 100퍼센트 이하처럼 실제로 충격에 취약한 구간에는 더 두터운 보호가 필요하다.

　　현금 지원은 하나의 정책 수단일 뿐, 그것만으로 문제가 해결되지는 않는다. 단기적인 완충 효과는 기대할 수 있지만, 노동과 교육, 주거와 돌봄으로 이어지지 않으면 제도의 지속성을 만들기 어렵다. 청년에게는 이동성과 기회가 중요하고, 어르신에게는 의료와 돌봄의 안정성이 우선이며, 아이에게는 교육과 보육의 질이 핵심이다. 대상이 다르면 위험의 성격도 다르고, 대응 방식도 달라야 한다.

　　결국 복지는 규모가 아니라 설계의 정교함에 달려 있다. 신뢰를 유지하려면 대상의 범위를 넓히는 일보다 기준을 명확히 하고,

지원의 강도를 조정하며, 단계별 책임이 분명한 설계가 우선돼야 한다.

복지의 목적은 동일한 상태를 만드는 데 있지 않다. 충격에 취약한 구간에서 삶이 무너지지 않도록 받쳐주는 데 있다. 그래서 복지는 모든 사람에게 같은 답을 주는 정책이 아니라, 서로 다른 위험에 다른 방식으로 대응하는 체계에 가깝다. 기준이 분명할수록 제도는 단단해지고, 방향이 선명할수록 신뢰는 오래 유지된다.

복지를 바라보는 기준은 다음과 같이 정리된다.

첫째, 복지는 보편을 기본으로 하되, 취약계층에는 더 두텁게 설계돼야 한다.

동일한 분배가 아니라 필요에 비례한 보호가 기준이 된다.

둘째, 기준은 단순해야 하고, 집중은 분명해야 한다.

대상이 넓어질수록 보호의 밀도는 낮아지고 제도는 약해진다.

셋째, 현금은 수단이지 목적이 아니다.

지원은 노동과 교육, 주거와 같은 실질적 경로와 연결될 때 의미를 가진다.

넷째, 복지는 재정과 분리될 수 없다.

부담을 설명하지 못하는 정책은 오래 유지되기 어렵다.

다섯째, 납세자의 신뢰는 복지의 전제 조건이다.

신뢰가 무너지면 제도도 함께 흔들린다.

복지는 사회의 온도를 보여주는 정책이다. 동시에 사회의 책임감을 드러내는 제도이기도 하다. 따뜻함만으로는 오래 유지되기 어렵고, 냉정함만으로는 지지를 얻기 어렵다. 그래서 복지는 더욱 기준이 필요하다. 선의로 시작하되 구조로 유지되는 복지여야 오래 지속될 수 있다.

제4장

교육

교육은 개인의 문제가 아니라 공동체의 문제

교육은 가장 느리게 변해야 하는 영역이다. 그럼에도 우리나라 사회에서 교육은 가장 빠르게 흔들린다. 결과를 빨리 확인하려 하고, 경쟁에서 뒤처질 가능성을 견디지 못한다. 이 조급함이 쌓이면서 교육은 아이를 기르는 제도라기보다, 불안을 관리하는 시스템에 가까워졌다. 기준이 흔들릴수록 경쟁은 앞당겨지고, 공동체는 그 비용을 뒤늦게 감당하게 된다.

교육을 바라볼 때 가장 먼저 던져야 할 질문은 무엇을 가르칠 것인가가 아니다. 무엇을 선발하고, 어떤 삶의 경로를 가장 합리적인 선택처럼 보이게 만들었는가다. 교육은 능력을 평가하는 제도이면서 동시에 사회가 무엇을 성공으로 정의하고 있는지를 보여주는 구조다.

　우리나라 교육의 가장 극단적인 단면은 이른바 3세고시, 7세 고시로 불리는 조기 경쟁이다. 영어유치원과 영재 프로그램은 일부 가정의 선택을 넘어, 뒤처질 수 없다는 불안을 관리하는 장치처럼 작동한다. 이 과정에서 아이의 발달 단계나 흥미보다 부모의 정보력과 자원이 먼저 작동한다. 교육이 시작되기도 전에 이미 선별이 이뤄지는 구조다.

　이 경쟁은 비이성적 과열이 아니라 구조가 만든 합리적 선택이다. 조기에 투자하면 유리한 경로를 확보할 수 있고, 한 번 만들어진 격차는 쉽게 줄어들지 않는다. 그래서 이 경쟁은 개인의 과잉이 아니라 제도가 유도한 합리적 반응에 가깝다. 이 상태에서 부모에게만 자제를 요구하는 것은 현실적이지 않다. 경쟁의 속도를 늦추려면 개인의 선택을 비난하는 대신, 경로를 재설계하는 제도적 조정이 먼저 필요하다.

　사교육에 대한 비판이 반복되는 배경에는 입시를 둘러싼 국가의 역할이 오랜 시간 일관되지 못했다는 점이 자리한다. 평가 기준과 출제 방향은 자주 조정됐고, 이를 관리하는 책임자의 교체 역시 반복되어 왔다. 그 과정에서 학교와 교사는 안정적인 기준을 전제로 교육하기 어려워졌고, 학생과 학부모는 제도의 신호를 신뢰하기보다 외부 정보에 의존하게 되었다.

　입시는 예측 가능성을 전제로 운영돼야 한다. 그러나 국가가 입시를 관리하는 방식이 흔들릴수록, 교육 현장은 기준을 잃고 대응에 급급해진다. 이 공백을 메운 것이 사교육이었다. 이는 특정 집단의 탐욕이나 과열이라기보다, 국가가 제공하지 못한 안정성을 시장이 대신 공급한 결과에 가깝다. 문제의 본질은 사교육의 존재가 아니라, 입시 관리에 대한 국가의 책임이 누적된 방식으로 흔들려 왔다는 데 있다.

중등 단계에서도 구조는 크게 다르지 않다. 외국어고, 자율형 사립고, 과학고 등 특목고 체제는 다양한 인재를 길러낸다는 명분을 갖고 있다. 그러나 실제로는 선발 시점을 앞당기고 경쟁을 조기에 고착시키는 역할을 해왔다. 한 번의 선택이 이후 경로를 크게 좌우하는 구조에서는, 교육은 탐색의 과정이 아니라 경로를 조기에 확정하는 과정으로 바뀐다.

이 구조는 자연스럽게 대학 입시로 이어진다. 입시는 교육의 끝이 아니라 통과 의례처럼 기능한다. 무엇을 배우고 어떤 문제를 고민했는지보다, 어디에 합격했는지가 교육의 성과로 환원된다. 그 순간 대학은 학문의 공간이라기보다 다음 단계를 통과하기 위한 인증 기관에 가까워진다.

대학교 역시 이 흐름에서 자유롭지 않다. 전공 선택은 학문적 흥미보다 취업 가능성에 의해 좌우되고, 대학 생활은 축적의 시간이 아니라 스펙 관리의 기간이 된다. 질문은 단순해진다. "취업은 얼마나 잘 되는가? 이후 삶은 얼마나 안정적인가?" 이 질문 자체가 잘못된 것은 아니다. 다만 이 질문만 남는 순간, 대학은 사회에

무엇을 기여하는지를 묻지 않게 된다

이 지점에서 한국과 미국의 교육 철학 차이는 분명해진다. 우리나라의 교육은 대체로 졸업 이후 개인이 얼마나 안정적으로 자리 잡을 수 있는가를 묻는다. 반면 미국의 대학은 제도적으로 완성되어 있다고 보긴 어렵지만, 졸업 기후 개인이 사회에 어떤 방식으로 기여할 수 있는지를 함께 고려하려는 기준은 상대적으로 뚜렷하게 자리 잡고 있다. 성취뿐 아니라 선택의 과정과 공동체 경험, 그리고 책임의 이력을 함께 보려는 기준이 형성된 배경도 여기에 있다.

대학원에 이르면 이 문제는 더 선명해진다. 최근의 대학원은 연구자를 길러내는 공간이라기보다, 학위를 양성하는 구조에 가까워지고 있다. 박사 학위가 지식 생산의 증명이라기보다 하나의 라이센스처럼 소비되면서 연구는 목적이 아니라 수단이 된다. 일부 영역에서는 이러한 흐름 속에서 논문이 질문을 확장하기보다 요건을 충족하는 방식으로 작성되기도 한다. 이때 대학원은 사고를 확장하는 공간이라기보다 다음 단계로 넘어가기 위한 대기실처럼 기능한다. 이 과정에서 고급 인력은 늘어나지만, 그 인력이 사회에서 수행할 역할은 충분히 준비되지 않는다. 교육의 끝단에서조차 기준이 흐려질 때, 사회는 학위는 많지만 책임은 희미한 구조를 떠안게 된다.

교육은 능력만을 가르는 제도가 아니다. 규범을 받아들이는 태도, 규칙을 지키는 감각, 경쟁을 통한 성취감과 협동심까지도 교육의 일부다. 조기 선발과 인증 중심의 교육이 반복될수록, 교육은 성취를 설명할 수는 있어도 공동체를 지탱하는 규범을 전달하기 어려워진다.

교육과 공동체는 분리될 수 없다. 학교에서 형성되지 않은 책임과 규범은 결국 사회가 비용으로 감당한다. 기준이 약해질수록 경쟁은 사라지지 않는다. 다만 더 이른 시점으로 이동한다. 선발은 앞당겨지고, 경로는 조기에 확정된다. 그 부담은 아이와 가정이 먼저 감당하고, 이후에는 사회가 구조적 문제로 떠안게 된다.

교육 정책의 핵심은 경쟁을 없애는 데 있지 않다. 선발 시점을 앞당기지 않고, 평가 기준을 자주 바꾸지 않으며, 실패 이후에도 다시 도전할 수 있는 선택지를 제도 안에 남겨두는 데 있다. 기준이 흔들리지 않아야 기회는 유지되고, 실패는 배제가 아니라 회복 가능한 과정이 된다. 교육은 빠른 결과를 만드는 장치가 아니라, 늦더라도 무너지지 않는 구조다.

교육을 바라보는 기준은 다음과 같이 정리된다.

첫째, 교육은 조기 선발보다 성장의 시간을 보장해야 한다.
경쟁의 출발선이 앞당겨질수록 불평등은 쉽게 고착된다.

둘째, 입시는 국가가 책임지고 관리해야 할 공공 영역이다.

예측 가능성과 일관성은 교육의 기본 조건이다.

셋째, 대학은 취업률이 아니라 사회적 기여를 함께 묻는 공간이어야 한다.

교육의 목적은 개인의 생존을 넘어 공동체와의 관계까지 이어진다.

넷째, 대학원은 자격을 양성하는 곳이 아니라 질문을 축적하는 공간이어야 한다.

학위의 수보다 탐구의 깊이가 교육의 질을 좌우한다.

다섯째, 교육은 가장 신중하게 바뀌어야 할 영역이다.

조급한 개편은 기준을 흔들고, 예측 가능성을 약화시킨다.

교육이 무엇을 안전하다고 규정하느냐에 따라 선택은 수렴하거나 확장된다. 안정만을 보상하면 실패는 탈락이 되고, 경로는 하나로 좁아진다. 반대로 다양한 기여를 인정하면 실패는 경험이 되고, 경로는 여러 갈래로 열린다. 교육은 결국 가능성을 남기는 제도다.

제5장

기술과 미래

기술과 미래를 대하는 태도

아이러니하게도 미래를 이야기할수록 미래는 더 멀어지는 것처럼 느껴진다. 중장기 전략을 말하지만 실제 정책은 단기 성과에 더 민감하게 반응하고, 비전을 이야기하지만 예산과 제도는 다음 해를 넘기기 어렵다. 미래는 늘 중요하다고 말해지지만, 정작 미래를 감당할 선택은 반복적으로 유보된다. 이 상태에서 미래를 논하는 일은 전망의 문제가 아니라 태도의 문제에 가깝다.

기술 담론 역시 비슷한 궤적을 반복한다. 인공지능, 최첨단 무기, 바이오, 신재생에너지 같은 단어들이 빠르게 소비된다. 기술을 말하면 미래를 말한 것처럼 보이지만 실제로는 기술의 이름만 바뀌었을 뿐 질문의 깊이는 크게 달라지지 않는다. 기술은 언제나 중립적이지 않았다. 기술은 인간이 만든 것이고, 인간이 사용하는 한 그 결과 역시 인간의 선택으로 귀결된다.

그래서 기술을 논할 때 가장 먼저 분명히 해야 할 것은 이 점이다. AI 윤리 역시 사람이 정한다는 사실이다. 알고리즘이 결정을 내리는 것처럼 보일 뿐, 그 기준을 설계하고 데이터를 선택하고 활용 방식을 정하는 것은 언제나 인간이다. 책임이 기술로 이동하는 순간 윤리는 사라진다. 기술이 판단하는 것이 아니라, 기술을 통해 판단하는 인간이 있을 뿐이다.

AI 윤리는 기술 발전을 늦추기 위한 장치가 아니다. 오히려 기술이 사회 안에서 지속 가능하게 작동하기 위한 최소 조건에 가깝다. 자동화된 판단이 늘어날수록 책임의 주체는 더 분명해야 한다. 오류가 발생했을 때 누구에게 책임을 물을 것인지, 설명할 수 없는 결정이 반복될 때 시민이 그것을 어떻게 받아들여야 하는지에 대한 기준이 없다면 기술은 효율을 높일 수는 있어도 신뢰를 높이지는 못한다.

자동화된 판단이 늘어날수록 그 판단이 어떻게 이루어졌는지를 설명할 수 있어야 한다. 설명할 수 없는 결정은 책임을 흐리게 만들고, 책임이 흐려지는 순간 신뢰는 약화된다.

최근 설명 가능한 인공지능, 이른바 XAI(Explainable AI)에 대한 논의가 확산되는 이유도 여기에 있다. 알고리즘의 성능을 높이는 것만으로는 충분하지 않다. 그 판단이 어떤 근거에서 도출되었는지를 제도와 시민이 이해할 수 있어야 한다. 설명 가능성은 기술적 선택이 아니라, 책임을 유지하기 위한 조건에 가깝다.

기술력이라는 말도 자주 단순화된다. 과학기술이 중요하다는 말은 맞다. 그러나 기술력은 연구실 안에서만 완성되지 않는다. 의료, 국방, 산업, 에너지, 환경처럼 삶의 영역과 연결될 때 비로소 의미를 갖는다. 최첨단 의료 기술은 생명을 연장할 수 있지만, 동시에 접근성의 문제를 남긴다. 기술이 발전할수록 누가 그 혜택을 누리는가의 질문은 더 날카로워진다. 영화 속 미래 도시처럼 일부만 보호받는 구조는 기술의 성공이 아니라 사회 설계의 실패다.

국방 분야에서도 마찬가지다. 전쟁의 양상은 이미 바뀌고 있다. 드론, 사이버 공격, 정보전은 더 이상 보조 수단이 아니다. 그러나 기술이 바뀌었다고 해서 전쟁의 윤리가 사라지는 것은 아니다. 원격 공격이 가능해질수록 판단의 무게는 더 커진다. 기술이 인간을 전장에서 멀어지게 할수록, 결정의 책임은 오히려 더 무거워진다. 국방 기술 역시 장비의 문제가 아니라 판단의 문제다.

바이오 기술과 유전자 연구는 미래 담론의 또 다른 축이다. 질병을 예방하고 치료하는 기술은 분명히 필요하다. 그러나 이 영역은 과학의 속도보다 윤리와 제도의 속도가 더 중요하다. 과거의 실패 사례가 보여주듯, 성과에 대한 조급함과 통제되지 않은 경쟁은 과학 전체에 대한 신뢰를 무너뜨릴 수 있다. 바이오 기술은 가능성의 영역이면서 동시에 가장 엄격한 기준이 요구되는 영역이다.

에너지와 환경 문제는 미래 담론의 모순이 가장 선명하게 드러나는 영역이다. 탄소 중립은 피할 수 없는 방향이지만 그것이 곧

바로 실효성 있는 정책으로 이어지고 있는지는 별개의 문제다. 선언은 빠르고 반복되지만 산업 구조와 소비 방식, 이동 체계는 그 속도를 따라가지 못한다. 방향은 정해졌다고 말하지만, 그 방향으로 이동하기 위한 경로와 부담의 배분은 구체적으로 설계되지 않는다.

탄소 중립을 말하면서 대규모 국제 회의는 항공 이동과 같은 고배출 활동을 전제로 운영되고, 상징적 감축 목표는 제시되지만 실제로 조정이 필요한 부담의 배분은 명확히 다뤄지지 않는다. 감축의 언어는 공유되지만, 누가 언제 무엇을 줄여야 하는지에 대한 합의는 구체화되지 않는다. 이는 감축이라는 목표가 구조의 조정보다 선언의 형식을 우선하는 방식으로 설정되고 있음을 보여준다.

이와 같은 상황에서 환경 기술은 만능 해법처럼 소비된다. 신재생에너지, 배터리 기술, 탄소 포집 같은 기술들은 필요하다. 그러나 기술만으로 문제를 해결할 수 있다는 믿음은 또 다른 자기기만이다. 에너지 전환은 기술의 문제가 아니라 산업 재편과 생활 방식의 변화를 요구한다. 기존 구조가 유지된 채 기술만 덧붙이는 방식으로는 전환이 아니라 연장이 된다. 기술이 앞서고 산업과 생활의 변화가 뒤따르는 방식이 반복될수록 전환은 지연된다.

환경 정책에서 중요한 것은 얼마나 급진적인 목표를 제시했는지가 아니라, 그 목표를 누가, 어떤 방식으로, 언제까지 감당할 것인지를 분명히 하는 일이다. 결국 문제는 기술의 속도가 아니라 책임의 설계다. 책임의 설계가 비어 있는 상태에서의 전환은 지속될 수 없고, 책임 없는 선언은 결국 미래의 비용으로 돌아온다. 탄소 중립 역시 예외가 아니다.

기술의 문제는 결국 재원의 문제로 귀결된다. 미래를 말할수록 재원은 늘 부족하다. 모든 분야에 투자할 수는 없다. 그래서 미래 전략의 핵심은 무엇을 할 것인가가 아니라, 무엇을 선택하고 무엇을 포기할 것인가에 있다. 기술 정책은 나열이 아니라 선택이어야 한다. 선택에는 기준이 필요하고, 기준은 부담을 동반한다.

이 부담을 피하기 위해 많은 정책은 선언에 머문다. 계획은 많고 실행은 적다. 그리고 선거가 다가오면 중장기 전략은 다시 단기 성과로 대체된다. 이 패턴은 정권을 가리지 않고 반복돼 왔다. 미래를 말하지만, 미래를 위해 손해 보는 선택을 감당하지 못하는 구조다.

그래서 미래 전략은 기술의 문제가 아니라 정치의 태도에 가깝다. 기술을 얼마나 빠르게 도입하느냐보다, 기술이 만들어낼 변화의 비용을 누가 감당할 것인지에 대한 합의가 더 중요하다. 기술은 사회를 앞서가지 않는다. 사회가 준비되지 않은 기술은 언제나 갈등으로 돌아온다.

기술과 미래를 이야기할 때 놓치지 말아야 할 또 하나의 요소는 딥페이크와 정보 조작 같은 문제다. 기술은 표현의 자유를 확장하지만, 동시에 현실을 왜곡할 수 있는 힘도 갖는다. 진실과 거짓의 경계가 흐려질수록 민주주의는 기술보다 먼저 흔들린다. 이 영역에서도 기술적 대응만으로는 충분하지 않다. 윤리와 규범, 책임의 기준이 함께 작동해야 한다.

결국 기술은 인간을 드러낸다. 어떤 기술이 선택되는가는 그 사회가 무엇을 기준으로 삼는지를 보여주며, 생명을 연장하는 기술을 택하면서 접근성을 외면하는 선택은 그 사회의 우선순위를 그대로 드러낸다. 효율을 앞세우며 책임을 흐리는 기술은 오래 지속되지 않는다.

기술과 미래를 대하는 기준은 다음과 같이 정리된다.

첫째, AI 윤리는 기술의 문제가 아니라 인간의 책임 문제다.

판단의 기준을 기술에 위임하는 순간, 책임의 주체는 사라진다.

둘째, 기술력은 삶의 영역과 연결될 때 비로소 의미를 갖는다.

의료, 국방, 환경, 산업은 서로 분리된 분야가 아니라 상호의존적인 체계다. 한 영역의 선택은 다른 영역의 구조를 바꾼다.

셋째, 미래 전략은 선택의 문제다.

재원이 제한된 상황에서 모든 것을 동시에 추진할 수는 없다. 무엇을 우선하고 무엇을 미루는지의 판단이 전략을 결정한다.

넷째, 기술 발전은 윤리와 제도의 속도를 함께 요구한다.

기술만 앞서고 제도가 따라오지 못하면 불신이 쌓이고 제도는 설득력을 잃는다. 그 순간 기술은 해결책이 아니라 또 하나의 갈등 요인이 된다.

다섯째, 미래는 선언이 아니라 감당의 문제다.

손해를 감수할 준비가 없는 비전은 정책이 되지 못한다. 결국 미래는 감당한 만큼만 현실이 된다.

기술은 미래를 앞당길 수 있지만, 방향 없는 기술은 균형을 무너뜨릴 수 있다. 미래를 말할 자격은 낙관에 있지 않고 책임을 감수할 준비에 있다.

제6장

기준과 책임

정치는 왜 선의가 아니라 구조로 판단되어야 하는가

정치의 언어는 대부분 가치로 시작된다. 정의, 공정, 상식, 미래, 안전과 같은 말들은 방향을 제시한다. 이러한 언어는 정책의 필요성을 설명하는 데에는 유효하다. 그러나 정책이 실제로 작동하는 과정에서는 이 언어들만으로는 충분한 기준이 되지 못하는 장면이 반복된다. 모두가 필요하다고 동의한 정책이 시간이 지나 조정의 대상이 되고, 처음에는 환영받았던 제도가 점차 부담으로 인식되는 경우가 나타난다. 문제는 가치가 틀렸기 때문이 아니라, 가치가 책임을 묶어두지 못하기 때문이다.

정책은 의도로 유지되지 않는다. 한 번 제도화되면 예산이 투입되고 행정이 움직이며, 정책은 개인의 판단을 넘어 구조 안에서 작동한다. 이때 중요한 것은 무엇을 지향했는가가 아니라, 그 정책이 반복될 때 어떤 부담이 어디에 쌓이는가이다. 부담이 명확히 설계되지 않으면 비용은 보이지 않는 방식으로 이동하고, 제도는 겉으로 유지되면서도 내부에서 균열이 축적된다. 정책의 실패는 대개 이 지점에서 발생한다.

정치적 논쟁이 길어지는 이유도 여기에 있다. 많은 토론이 무엇이 옳은가에 머물지만, 실제 갈등은 누가 책임을 지는가에서 나타난다. 혜택은 넓게 나누고 책임은 흐리게 남기면 정책은 단기적으로 환영을 받지만, 시간이 지날수록 수정 요구가 커진다. 제도는 계속 남아 있지만 신뢰는 줄어드는 구조가 만들어진다. 이때 문제로 드러나는 것은 정책 내용이 아니라 정책을 떠받치는 구조다.

이 구조는 특히 재정 정책에서 분명하게 드러난다. 민생회복 소비쿠폰 지급을 위한 재정 마련 과정에서 서울시 재난관리기금 활용 방안이 서울특별시의회 논의 과정에 포함되었고, 재원의 성격과 정책 목적의 관계가 정책 설계의 쟁점으로 다루어졌다. 재난관리기금은 본래 재난의 예방, 대응, 복구를 위해 마련된 재원이라는 점에서, 소비 진작 성격의 정책 재원으로 활용되는 방식이 재원의 성격과 정책 목적 사이의 긴장을 드러내는 사례로 거론되었다.

경기 대응이나 민생 지원을 위한 정책은 필요성과 명분이 분명하다. 그러나 이러한 정책이 어떤 재정 구조 위에서 집행되는가에 따라 정책 여력은 달라진다. 전국 단위 경기 대응 성격의 정책이 중앙과 지방이 함께 분담하는 구조 안에서 시행될 경우, 효과는 단기적으로 나타날 수 있지만 부담은 장기적으로 지방재정에 축적된다. 중앙 정책이더라도 책임이 지방 구조 안으로 들어오는 순간 지방자치단체의 재정 운용 여력은 달라진다.

긴급 대응을 위해 마련된 재원을 반복 가능한 정책에 사용하는 순간 재원의 성격과 정책 목적 사이에는 긴장이 발생한다. 당장의 필요는 해결되지만, 다음 위기에 사용할 수 있는 여력은 줄어든다. 이 변화는 즉각 드러나지 않지만 시간이 지나 구조적 제약으로 돌아온다.

여기서 중요한 것은 정책의 옳고 그름이 아니다. 경기 대응이 필요했는가, 지원이 적절했는가라는 질문과 별개로, 책임의 위치가 어디로 이동했는가가 핵심이다. 소비나 지원의 효과는 즉시 체감될 수 있지만 재정의 부담은 보이지 않는 방식으로 축적된다. 그리고 이 부담은 시간이 지나 다른 정책을 선택할 수 있는 범위를 좁히는 형태로 드러난다. 정책이 성과처럼 보이다가도 신뢰의 문제로 돌아오는 이유가 여기에 있다.

이 사례는 단기 효과와 장기 부담이 분리되는 재정 정책의 특징을 보여준다. 소비 진작과 같은 정책은 즉각적인 체감 효과를 낳지만, 그 재정적 부담은 현재 시점에 모두 정리되지 않는다. 지방정부 재정 구조 안에서 분담되는 비용은 이후 예산 편성과 정책 선택에 영향을 미치며, 시간이 지나 세대 간 재정 여력의 차이로 이어질 수 있다.

정책은 현재의 필요를 해결하기 위해 설계되지만, 재정은 시간 위에서 작동한다. 오늘의 지출은 내일의 선택 공간을 줄이고, 현재의 부담 구조는 미래의 정책 가능성을 제한한다. 이 과정에서 나타나는 것은 단순한 재정 문제가 아니라 시간에 걸쳐 분산되는 책임의 문제다.

그래서 정치의 판단은 정책의 즉시 효과뿐 아니라, 그 효과를 유지하기 위해 어떤 재정 구조가 고정되는지를 함께 고려해야 한다. 단기 대응이 반복될수록 재정의 유연성은 줄어들고, 이는 다음 세대가 활용할 수 있는 정책 공간의 축소로 이어질 수 있다.

이 현상은 특정 분야에만 국한되지 않는다. 복지나 산업 지원 정책에서도, 기술 투자 정책에서도 같은 구조가 반복된다. 필요성과 취지에는 쉽게 합의가 이루어지지만, 제도가 장기간 유지될수록 부담이 어디에 고정되는지에 대한 설계는 상대적으로 뒤로 밀린다. 정책이 확대되는 속도에 비해 정책 관리 구조는 충분히 정비되지 못하고, 결국 제도는 유지되면서도 조정과 보완이 반복되는 상태에 놓인다.

그래서 정치의 판단은 도덕적 언어보다 구조적 질문에서 출발해야 한다. 이 제도가 반복될 때 누가 감당하는가, 부담은 어느 지점에 고정되는가, 시간이 지나도 유지 가능한가와 같은 질문이 먼저 따라야 한다. 이는 냉정함의 문제가 아니라 지속 가능성의 문제다. 제도가 오래 작동하기 위해서는 선의가 아니라 구조가 필요하다.

정치를 선의의 경쟁으로 이해하면 설명되지 않는 장면이 많다. 정책이 실패했을 때 개인의 판단을 탓하는 방식으로는 구조적 문제를 설명할 수 없다. 담당자가 바뀌어도 비슷한 문제가 반복되는 이유는 설계의 틀 자체가 책임을 분명히 묶어두지 못했기 때문이다. 의도는 개인에게 속하지만 결과는 구조에서 나타난다.

이 구조를 외면할 때 가장 먼저 흔들리는 것은 신뢰다. 약속은 많아지지만 정책은 계속 보완을 전제로 운영되고, 시민은 제도를 믿기보다 상황을 예측하려 한다. 제도가 기준이 되지 못하고 상황이 기준이 되는 순간 정치의 역할은 약해진다. 정책이 남는 것이 아니라 조정이 반복되는 상태가 지속된다.

그래서 정치에서 중요한 것은 무엇을 지향하는가 못지않게, 그 지향이 어떤 구조 위에 놓여 있는가다. 판단은 가치로 시작될 수 있지만 제도로 남는 순간 구조의 문제로 바뀐다. 정치가 다루는 것은 개인의 의도보다 관계의 지속 방식이며, 그 관계를 안정적으로 유지하는 장치가 제도다.

앞선 장들이 각 영역에서 필요한 기준을 다뤘다면, 이 장은 그 기준이 왜 구조와 책임의 문제로 이어지는지를 정리한다. 안보, 경제, 복지, 교육, 기술과 미래 정책은 분야는 다르지만 공통 질문은 같다. 이 정책이 반복될 때 책임은 어디에 쌓이는가. 이 구조는 시간이 지나도 버틸 수 있는가. 이 질문이 빠지는 순간 정책은 성과처럼 보이다가도 신뢰를 잃는다.

정치는 결국 선택의 방향을 정하는 일이라기보다, 그 선택이 남긴 구조를 감당하는 일에 가깝다. 선의는 출발점이 될 수는 있지만 제도를 지탱하는 기준이 되지는 않는다. 책임이 어디에 묶여 있는지가 분명할 때에만 정책은 오래 작동하고 제도에 대한 신뢰도 함께 유지된다.

기준은 남는다

　정치를 하며 가장 자주 마주친 질문은 무엇을 할 것인가가 아니라, 어떤 선택을 끝까지 감당할 수 있는가였다. 정책은 늘 여러 선택지 사이에서 결정된다. 무엇을 택했는가보다, 어떤 기준으로 판단했는지가 더 오래 남는다.

　이 책은 성과를 정리하기 위한 기록이 아니다. 이미 지나간 일을 포장하려는 의도도 없다. 다만 어떤 기준 위에서 판단해 왔는지, 그리고 그 기준이 실제 선택의 순간에 어떻게 작동했는지를 남겨두고 싶었다. 정치의 영역에서는 말보다 선택이 오래 남고, 선택보다 그 판단의 기준이 더 오래 남는다.

　안보에서는 상황에 따라 흔들리는 언어보다 힘을 외면하지 않는 태도를 기준으로 삼았다. 평화를 말하는 순간에도 대비를 먼저 놓지 않는다는 단순한 원칙이다.

　경제에서는 정부가 모든 답이 되지 않도록 역할의 경계를 분명히 했다. 시장이 작동할 공간을 열어두되, 책임의 경계는 흐리지 않으려 했다.

복지에서는 보편성과 지속 가능성을 함께 놓고 판단했다. 모두에게 열려 있어야 하지만, 더 필요한 곳에는 더 분명히 닿아야 한다는 생각이다.

교육에서는 속도보다 방향을, 선발보다 성장을 기준으로 삼았다. 조급한 개입이 기준을 무너뜨릴 때 공동체가 치르는 비용은 너무 크다.

기술과 미래를 이야기할 때는 낙관도, 공포도 아닌 태도를 기준으로 삼았다. 기술은 인간의 선택을 대신하지 않으며, 그 결과에 대한 책임 역시 인간에게 남아 있다는 원칙이다.

이 기준들은 완벽하지 않다. 상황에 따라 조정이 필요할 때도 있고, 현실 앞에서 흔들리는 순간도 있다. 그러나 기준 없는 유연함은 방향을 잃기 쉽고, 기준 없는 타협은 책임을 흐리게 만든다. 그래서 판단의 출발점만큼은 분명히 남겨두고자 했다.

정치는 현재를 대상으로 말하지만, 결국 미래의 일상을 규정한다. 단기 성과에 익숙해질수록 중장기 판단은 어려워지고, 눈앞의 문제를 해결할수록 다음 선택의 폭은 줄어든다. 이 책이 말하려는 것은 거창한 비전이 아니라, 그런 선택의 순간마다 되돌아볼 수 있는 기준이다.

모든 판단이 옳을 수는 없다. 그러나 왜 그런 선택을 했는지 설명할 수 있어야 한다고 믿는다. 기준이 남아 있다면 실패 역시 사라지지 않고 다음 판단의 일부가 된다.

정치는 끝나는 일이 아니라 이어지는 일이다. 사람도, 역할도, 상황도 바뀌지만 기준은 축적된다. 이 책은 그런 기준이 실제 선택 속에서 어떻게 남아왔는지를 기록한 것이다.

제3부

진단
(Diagnosis)

지금의 선택이 남긴 질문

이 지점에서 더 많은 해답을 제시하는 것은 오히려 쉬운 선택일지도 모른다. 문제는 이미 충분히 알려져 있고, 각자의 처방도 넘쳐난다. 그러나 해법이 많아질수록 상황이 나아지지 않는 이유는 진단이 충분히 공유되지 않았기 때문이다. 기준 없이 쏟아지는 해법은 방향을 분산시키고, 그 과정에서 책임은 더 흐려진다.

1부가 기록이었다면, 2부는 그 기록을 가능하게 한 기준의 정리였다. 안보, 경제, 복지, 교육, 기술과 미래라는 서로 다른 영역을 관통하는 하나의 관점이었다. 이 기준은 옳음을 증명하기 위한 도구가 아니라 판단의 출발점을 분명히 하기 위한 장치였다.

이제 3부에서는 그 기준을 다시 사회 전체에 비춰보고자 한다. 무엇을 해야 하는가를 묻기보다, 지금의 상태가 어떤 질문 앞에 서 있는가를 살펴보는 단계다. 진단은 처방을 위한 준비이지만, 동시에 그 자체로 의미를 갖는다. 문제를 정확히 바라보지 못하면, 어떤 해법도 오래 가지 못한다.

오늘의 사회는 갈등이 많기 때문이 아니라, 갈등을 다루는 기준이 약해진 상태이기 때문에 불안하다. 의견 차이는 늘 존재해

왔지만, 그것을 조정하는 방식과 책임의 경계가 흐려지면서 갈등은 관리되지 않는 상태로 남는다. 각자의 주장은 선명해졌지만, 설명은 줄어들었다. 성과는 강조되지만, 그 비용은 뒤로 미뤄진다.

정치 역시 이 흐름에서 자유롭지 않다. 단기 성과에 익숙해질수록 중장기 판단은 어려워지고, 다음 선택의 부담은 다음 시기로 넘겨진다. 절차는 늘고 참여는 확대되지만, 방향과 책임은 선명해지지 않는다. 모두가 말하고 있지만, 누가 무엇에 책임지는지는 분명하지 않은 상태가 반복된다.

이 장에서 다루려는 것은 비난이 아니다. 특정 집단이나 세대를 지목하려는 의도도 없다. 다만 기준이 흐려진 자리에서 어떤 현상들이 나타나고 있는지를 차분히 짚어보고자 한다. 갈등은 왜 조정되지 않는가, 책임은 왜 설명되지 않는가, 미래의 비용은 왜 늘 다음으로 미뤄지는가. 이 질문들은 서로 분리되어 있지 않다.

진단은 불편하다. 답을 미루고 질문 앞에 머무르는 일이기 때문이다. 그러나 진단 없이 나아가는 것은 방향 없이 움직이는 것과 같다. 이 3부는 해법을 제시하기보다, 지금의 선택들이 어떤 상태를 만들어내고 있는지를 보여주는 기록에 가깝다.

기준을 세웠다면 이제 그 기준으로 현재를 다시 들여다볼 차례다. 3부는 그 질문을 정면으로 마주하기 위한 진단의 기록이다.

제1장

관리되지 않는 갈등, 흐려지는 책임

사회적 갈등을 다루는 방식에는 분기점이 있었다. 갈등을 조정해야 할 문제로 볼 것인지, 아니면 정치적 선택의 문제로 재구성할 것인지에 대한 태도의 변화다. 이 전환은 특정 시기를 거치며 본격화됐고, 이후의 정책과 행정 전반에 깊은 흔적을 남겼다.

우리 사회의 갈등 자체는 새로운 문제가 아니다. 2000년대 이후 한국 사회에는 노동시장, 의료, 교육, 공공부문, 세대 문제를 둘러싼 갈등이 꾸준히 누적되어 왔다. 이 갈등들은 특정 정권이 만들어낸 결과라기보다 산업 구조의 변화와 인구 구성의 이동, 복지 체계의 한계 속에서 자연스럽게 쌓여온 문제였다. 이전의 정치는 이러한 갈등을 정면으로 다루기보다 미루는 방식에 가까웠다.

다만 2018년 전후를 거치며 갈등은 정치 언어를 통해 훨씬 선명하게 구조화되기 시작했다는 점을 부인하기 어렵다. 이 시기부터 갈등은 조정의 대상이라기보다 규정의 대상으로 다뤄지는 경향이 뚜렷해졌다. 선과 악, 개혁과 반개혁, 정의와 기득권이라는 이분법이 반복적으로 호출되었고, 복잡한 이해관계는 빠르게 도덕적 판단의 문제로 단순화됐다. 갈등을 조정하기 위한 기준을 설계하기보다 무엇이 정의로운지를 먼저 선언하는 방식이 정치의 기본 문법처럼 작동하기 시작했다.

그 결과 정의와 공정이라는 단어는 기준이 아니라 신호로 사용되기 시작했다. 무엇이 정의로운지를 설명하기보다 누가 정의의 편에 서 있는지가 더 중요해졌다. 공정은 제도적 설계의 언어가 아니라 상대를 규정하는 언어로 소비됐다. 말은 날카로웠지만 구조는 거의 바뀌지 않았다.

의사와 간호사 간의 갈등은 이러한 변화가 현장에서 어떻게 작동했는지를 보여주는 대표적인 사례다. 의료 현장에서 두 직역의 역할과 책임은 오랫동안 정리되지 않은 과제였다. 업무 범위는 모호했고, 책임의 경계도 불분명했다. 이는 제도 설계의 문제였지만 갈등이 표면화되자 논의의 초점은 빠르게 이동했다. 누가 더 헌신적인가, 누가 더 공공성을 갖고 있는가라는 질문이 앞서면서 제도의 미비는 직역 간 대립의 문제로 번역되었다. 갈등은 조정의 대상이 아니라 평가의 대상이 되었다.

이후 의료 정책을 둘러싼 논의가 나올 때마다 비슷한 장면이 반복되었다. 정책의 내용과 실행 가능성보다 집단 간 입장 차이가 먼저 부각되고, 갈등은 감정의 언어로 소비되었다. 국가는 명확한 기준을 제시하기보다는 상황을 관리하는 데 머무는 경우가 많았다. 갈등은 일시적으로 진정됐지만, 역할과 책임의 구조는 그대로 남았다.

젠더 갈등 역시 같은 궤적을 따른다. 남성과 여성의 문제로 단순화된 수많은 논쟁은 실제로는 노동시장 구조, 안전, 돌봄, 복지, 문화가 얽힌 복합적인 문제였다. 그러나 정치의 언어는 이 복합성을 감당하지 않았다. 갈등이 격화될수록 논의는 점점 정체성의 문제로 수렴됐고, 정책은 기준을 제시하기보다 입장을 선언하는 방식으로 작동했다. 조정의 구조는 충분히 마련되지 않았고 중간 지대는 빠르게 사라졌다.

노동 현장에서도 유사한 흐름이 이어졌다. 정규직과 비정규직, 대기업과 중소기업, 노조와 비노조 사이의 갈등은 오랜 구조적 문제였지만, 공정이라는 언어가 반복적으로 호출되는 동안에도 그 공정을 어떻게 제도화할 것인지에 대한 논의는 충분하지 않았다. 공정은 기준이 아니라 명분으로 사용됐고, 이해관계 조정의 책임은 모호한 상태로 남았다. 갈등은 해소되지 않은 채 다음 사안으로 넘어갔다.

이러한 사례들의 공통점은 분명하다. 갈등의 원인이 사라지지 않았다는 점, 그리고 갈등을 다루는 기준과 책임이 끝내 명확해지지 않았다는 점이다. 갈등이 발생할수록 판단은 늦어졌고, 책임은 분산됐다. 행정은 작동했지만, 문제는 해결되지 않았다.

이 과정에서 행정의 태도도 달라졌다. 갈등이 곧 정치적 해석으로 이어지는 환경에서 판단을 유보하는 것이 가장 안전한 선택이 되었다. 명확한 결정 대신 사회적 합의라는 표현이 반복됐고, 그 합의는 종종 도달되지 않은 상태로 남았다. 책임의 부재는 개인의 소극성 문제가 아니라, 이러한 정치 환경이 만들어낸 구조적 결과였다.

문제는 정권이 바뀌어도 이 방식이 거의 청산되지 않았다는 점이다. 갈등을 다루는 정치의 태도, 정의와 공정을 사용하는 방식, 책임을 미루는 행정의 관행은 그대로 남았다. 이름만 바뀌었을 뿐, 문법은 유지됐다. 그 결과 권력은 점점 사유화되고, 정치는 스스로를 경계하지 않게 됐다.

이 모든 과정에서 가장 심각한 문제는 책임의 실종이다. 갈등을 규정하는 정치의 언어는 남았지만 갈등을 조정할 제도적 책임은 충분히 자리 잡지 못했다. 갈등은 반복되지만 누가 판단하고 누가 책임지는지는 분명하지 않다. 정치는 계속 목소리를 높이지만 사회의 신뢰는 회복되지 않는다.

정치는 원래 불편한 일을 하는 영역이다. 이해관계를 조정하고, 때로는 다수의 감정을 거슬러서라도 구조를 고쳐야 한다. 그러나 최근의 정치는 불편한 선택을 미루고 갈등의 표면적 대응에 머무는 경향이 나타났다. 정의와 공정이 기준이 아니라 구호로 소비되는 동안 책임은 뒤로 밀렸다.

3부는 이 지점에서 출발한다. 관리되지 않은 갈등이 어떻게 책임의 공백으로 이어졌는지, 그리고 그 공백이 왜 지금까지 유지되고 있는지를 짚어본다.

갈등은 피할 수 없지만, 책임 없는 갈등은 선택의 결과다. 이제 그 선택이 만들어낸 구조를 들여다볼 차례다.

제2장

갈등은 언제부터 조정되지 않기 시작했는가

갈등이 조정되지 않기 시작한 시점을 하나의 사건으로 특정하기는 어렵다. 갈등은 늘 존재해 왔고, 그만큼 갈등을 다루는 방식도 시대에 따라 달라져 왔다. 다만 분명한 변화는 있다. 어느 순간부터 갈등을 해결하는 일보다, 갈등을 통과시키는 일이 더 익숙해졌다는 점이다. 조정이 사라진 이유는 갈등이 줄었기 때문이 아니라 갈등을 다루는 제도가 점점 사후 대응 쪽으로 기울었기 때문이다.

과거의 갈등 관리 역시 이상적이었다고 보기는 어렵다. 많은 갈등은 미뤄졌고, 충분한 논의 없이 시간에 기대 봉합되기도 했다. 그럼에도 갈등을 '조정해야 할 문제'로 인식하는 최소한의 전제는 존재했다. 갈등은 불편하지만 누군가는 개입해 기준을 만들고 판단해야 한다는 인식이었다. 이 전제가 흔들리기 시작하면서 조정은 점점 제도의 중심에서 밀려났다.

갈등이 발생하면 가장 먼저 등장하는 장면은 비슷하다. 관계 부처가 모이고 테스크포스Task Force가 만들어진다. 현장의 목소리를 듣겠다는 설명이 뒤따르고, 간담회나 공청회가 열린다. 절차는 빠짐없이 작동하는 것처럼 보인다. 그러나 이 과정에서 무엇을 결정할 것인지, 누가 책임질 것인지는 좀처럼 드러나지 않는다. 회의는 반복되지만 결론은 나오지 않고, "추가 논의가 필요하다"는 말이 남는다. 조정이 아니라 관리가 작동하는 순간이다.

이러한 방식은 갈등이 이미 커진 이후에야 움직인다는 점에서도 한계를 드러낸다. 문제가 누적되는 동안에는 별다른 개입이 없다가, 여론이 악화되거나 사건이 발생한 뒤에야 대책이 논의된다. 이미 신뢰가 훼손된 이후에 등장한 조정은 갈등을 줄이기보다, 갈등의 깊이를 확인하는 과정이 되는 경우가 많다. 소를 잃은 뒤에야 외양간을 고치는 장면이 반복된다.

의료 인력 확충을 둘러싼 의사 증원 논의는 이 구조를 가장 선명하게 보여준다. 지역 의료의 붕괴, 필수 진료과 기피, 전공의 수급 문제는 오래전부터 지적되어 온 과제였다. 인력 확충의 필요성 자체는 낯선 주장이 아니었다. 문제는 그 문제를 어떻게 풀 것인가였다.

의사 증원 규모가 숫자로 먼저 제시되면서 조정의 공간은 빠르게 줄어들었다. 인력 확충이라는 방향에는 일정한 공감이 존재했지만, 속도와 방식, 단계에 대한 논의는 충분히 축적되지 않은 상태였다. 조정이 필요한 사안이었지만, 결정은 조정 이전에 도달했다. 이후의 과정은 익숙한 장면을 반복했다. 반발이 나타났고, 집단행동이 이어졌다. 정부는 현장의 의견을 듣겠다고 밝혔고, 보완책을 검토하겠다는 입장을 내놨다. 그러나 이때의 조정은 예방이 아니라 사후 대응의 성격을 띠었다.

이 사례에서 중요한 것은 증원의 옳고 그름이 아니다. 조정이 결정을 앞서지 못한 구조다. 갈등을 줄이기 위한 조정은 사전에 이뤄져야 하지만, 현실에서는 갈등이 표면화된 이후에야 조정이 호출됐다. 조정은 정책의 일부가 아니라, 위기의 수습 단계로 밀려났다. 이미 신뢰가 흔들린 뒤에 등장한 조정은 설득력을 갖기 어렵다.

조정이 사라진 또 하나의 이유는 기준 설정의 회피다. 갈등을 조정하려면 불가피하게 기준을 제시해야 한다. 어디까지 허용되는지, 무엇이 원칙인지, 누가 최종 판단자인지가 분명해야 한다. 그러나 기준을 세우는 순간, 그 기준은 정치적 해석의 대상이 된다. 이 부담을 피하기 위해 제도는 기준을 미루고, 대신 절차를 강조한다. 기준 대신 과정이 남고 판단 대신 관리가 자리를 차지한다.

그 결과 행정은 판단보다 과정을 관리하는 데 익숙해졌다. 절차는 지켜졌지만, 왜 그런 결론에 이르렀는지는 설명되지 않는다. 설명되지 않은 판단은 책임으로 이어지지 않고, 책임이 없는 결정은 다시 다음 갈등으로 넘어간다. 조정은 실패한 것이 아니라 시도되지 않은 채 사라진다.

이러한 구조는 특정 영역에 국한되지 않는다. 의료, 노동, 교육, 젠더, 지역 문제까지 거의 모든 갈등에서 비슷한 장면이 반복된다. 사안은 다르지만 대응 방식은 놀랄 만큼 닮아 있다. 갈등은 커지고, 대책은 늦어지고, 제도는 항상 한 발 뒤에서 따라온다. 조정은 제도의 기능이 아니라 예외적인 선택이 된다.

조정이 작동하지 않는 사회에서는 갈등의 당사자들도 전략을 바꾼다. 제도 안에서 해결을 기대하기보다, 여론을 통해 압박하는 방식이 더 효과적이라는 학습이 축적된다. 문제를 설명하는 것보다 목소리를 키우는 것이 유리해지고, 조정의 공간은 점점 줄어든다. 갈등은 제도 밖에서 먼저 폭발하그, 제도는 그 뒤를 정리하는 역할에 머문다.

결국 갈등이 조정되지 않기 시작한 시점은 하나의 사건이 아니라 선택의 누적이었다. 빠른 결정을 택한 정치, 위험을 회피한 행정, 사후 대응에 익숙해진 제도가 서토를 강화하며 지금의 구조를 만들었다. 조정이 사라진 자리에 남은 것은 충돌과 피로였다.

이 장의 목적은 과거를 비난하기 위함이 아니다. 갈등이 왜 풀리지 않았는지보다, 왜 풀려고 하지 않게 되었는지를 이해하기 위해서다. 조정이 작동하지 않는 사회에서는 책임도 설명되기 어렵다. 다음 장에서는 이 조정의 실종이 어떻게 책임의 실종으로 이어졌는지를 구체적으로 살펴본다. 갈등을 넘기는 데 익숙해진 제도는 결국 아무도 설명하지 않는 구조를 만들어낸다.

제3장
책임은 어느 순간 설명되지 않게 되었는가

책임이 사라지는 과정은 대체로 조용하다. 누군가 책임을 지지 않겠다고 선언하는 순간은 거의 없다. 대신 책임은 설명되지 않는 상태로 남겨지고, 그 상태가 반복되면서 관행이 된다. 책임의 실종은 일탈이 아니라, 제도가 선택한 방식의 결과에 가깝다.

책임은 원래 설명을 전제로 한다. 어떤 판단이 내려졌는지, 그 판단의 근거는 무엇인지, 누가 결정했고 어디까지 책임지는지가 설명될 때 책임이 성립한다. 그러나 조정이 작동하지 않는 환경에서 이 설명의 고리가 가장 먼저 끊어진다. 판단이 미뤄지고 기준이 흐려질수록, 설명은 회피의 대상이 된다.

이때부터 책임은 개인의 이름에서 빠져나온다. 정책은 발표되지만, 결정의 주체는 명확하지 않다. "관계 부처와 협의했다" "종합적으로 검토했다" "여러 의견을 반영했다"라는 표현이 반복된다. 문장은 완성되어 있지만, 책임의 주어는 특정되지 않는다. 설명은 남지만, 설명하는 주체는 드러나지 않는다.

이러한 방식은 우연이라기보다 구조의 산물에 가깝다. 조정이 사라진 자리에서 책임을 분산시키는 것은 가장 안전한 선택이 된다. 하나의 판단이 여러 단계의 검토를 거쳤다는 사실은 책임을 강화하기보다, 책임을 희석하는 장치로 작동한다. 결정은 집단의 이름으로 이뤄지고, 그 집단은 다시 개인을 보호하는 방패가 된다.

행정 내부에서 책임이 설명되지 않게 되는 과정도 비슷하다. 갈등이 발생하면 행정은 판단을 내리기보다 절차를 설명한다. 왜 이 결론에 이르렀는지보다, 어떤 과정을 거쳤는지가 강조된다. 판단의 이유가 사라진 자리에 절차만 남을 때, 책임은 설명되지 않는 상태로 굳어진다. 이때부터 책임은 '결과outcome'가 아니라 '과정process'에 붙는다.

설명되지 않는 책임은 되돌아오지 않는다. 결정의 이유가 기록되지 않으면 평가는 불가능해진다. 잘못된 판단이 있었는지, 기준이 적절했는지, 다음에는 무엇을 바꿔야 하는지를 따질 수 없게 된다. 책임이 설명되지 않는 구조에서는 실패조차 학습되지 않는다.

이 책임의 공백은 사회적 관계 속에서도 반복된다. 어떤 행위에 문제가 제기되면 논의는 곧바로 행위 자체에서 벗어난다. 잘못이 있었는지보다 그 잘못을 어떻게 말했는지가 먼저 문제 된다. 비판은 설명을 요구하는 행위라기보다 공격으로 해석되고, 문제

제기는 갈등을 키우는 행동으로 받아들여진다. 그 결과 책임을 묻는 사람이 갈등의 원인처럼 지목되고, 문제를 지적받은 쪽이 방어의 위치에 서는 경우가 발생한다.

이 과정에서 이해와 배려라는 언어는 역할을 바꾼다. 원래 이해와 배려는 책임을 전제로 작동해야 하지만, 지금은 판단을 중단시키는 신호로 사용된다. "그럴 수도 있지 않느냐"라는 말은 사실을 부정하지 않으면서도 책임을 흐릴 수 있는 가장 편리한 문장이 된다. 이해는 설명을 보완하지 않고, 설명을 대신한다.

이러한 구조는 권력을 획득한 이후 더 분명해진다. 개인의 과거 행위나 논란이 존재하더라도, 그 사람이 권력의 자리에 오르는 순간 그 문제는 빠르게 주변화된다. 책임을 묻는 질문은 "이미 끝난 이야기"로 정리되고, 다시 꺼내는 행위는 집착이나 정치적 공격으로 해석된다. 설명의 대상이 돼야 할 문제는, 문제를 제기한 태도의 문제로 전환된다.

이 과정에서 윤리의 기준은 낮아진다. 기준이 사라진다기보다, 기준을 적용하는 방식이 달라진다. 과거에는 권력을 가질수록 더 높은 설명 책임이 요구되었다면, 이제는 권력을 가질수록 설명을 요구받지 않는 구조가 작동한다. 책임은 사라진 것이 아니라, 권력에 의해 보호된다.

이 현상은 특정 인물이나 특정 진영에만 국한되지 않는다. 다만 강한 팬덤과 결속된 지지 구조를 가진 정치일수록 이 경향은 더 빠르게 나타난다. 판단의 옳고 그름은 토론의 대상이 아니라 소속의 문제가 되고, 비판은 검증이 아니라 공격으로 재해석된다. 그 결과 개인의 행위는 평가되지 않고, 집단의 방어 논리 속으로 흡수된다.

이때 책임을 묻는 행위는 사회적 비용이 된다. 무엇이 잘못됐는지보다, 왜 지금 그 얘기를 꺼내느냐가 먼저 질문된다. 설명을 요구하는 사람은 갈등을 키우는 존재가 되고, 침묵은 성숙함으로 포장된다. 이해와 배려라는 언어는 책임을 보완하는 장치가 아니라, 책임을 중단시키는 장치로 작동한다.

정치 역시 이 구조에서 자유롭지 않다. 갈등이 커질수록 정치는 결단을 내리기보다 입장을 조정한다. 명확한 책임을 지는 발언보다, 여러 해석이 가능한 언어가 선호된다. 책임을 지는 순간 정치적 비용이 발생하기 때문이다. 이 비용을 피하는 방식은 점점 세련돼졌고, 그 결과 책임은 말에서 빠졌다.

문제는 이 방식이 단기적으로는 안정처럼 보인다는 점이다. 즉각적인 반발을 피하고 갈등을 통과시키는 데는 효과적이다. 그러나 설명되지 않은 책임은 신뢰를 회복하지 못한다. 시민은 결정을 이해하지 못하고, 이해하지 못한 결정은 수용되지 않는다. 책임이 설명되지 않는 사회에서 불신은 필연적이다.

책임이 사라진 자리는 감정이 채운다. 설명되지 않은 결정은 음모로 해석되거나 무능의 증거로 소비된다. 사실 여부와 관계없이 설명의 공백은 해석의 공간을 키운다. 이때부터 갈등은 정책의 문제가 아니라 신뢰의 문제로 바뀐다.

중요한 점은 이 모든 과정이 개인의 태도에서 비롯된 것이 아니라는 사실이다. 책임을 설명하지 않는 방식은 개인의 회피가 아니라 구조적으로 보상되는 선택이다. 책임을 분산시키고 설명을 줄일수록 위험은 낮아지고, 당장의 비용은 줄어든다. 제도는 이 선택을 반복적으로 강화해 왔다.

그 결과 책임은 남지 않고 결과만 남는다. 문제가 발생하면 대책은 나오지만, 설명은 따라오지 않는다. 시간이 지나면 다음 사안이 등장하고 이전의 판단은 기억에서 사라진다. 책임은 지워지고, 같은 장면은 다시 반복된다.

이 장이 말하고자 하는 것은 단순하다. 책임이 사라진 것이 아니라 책임을 '설명하는 능력'이 사라졌다는 것이다. 조정이 작동하지 않는 사회에서 책임은 말이 되기 어렵다. 기준이 없고 판단이 미뤄진 상태에서는 설명할 것도 남지 않는다.

다음 장에서는 이 책임의 공백이 어떻게 성과라는 이름으로 가려졌는지를 살펴본다. 기준이 사라진 자리를 성과가 대체할 때, 정치는 더 강해지는 것이 아니라 오히려 약해진다. 책임을 설명하지 않는 구조는 결국 성과로 자신을 증명하려는 구조로 이동한다.

제 4 장

성과가 기준을 대체할 때 생기는 문제

기준이 흐려진 자리는 오래 비어 있지 않았다. 설명되지 않는 책임, 판단을 미루는 제도 위에 가장 빠르게 자리 잡은 것은 성과였다. 성과는 간단하고 직관적이며, 설명을 요구하지 않는다. 숫자와 결과는 복잡한 판단을 대체하기에 충분히 매력적인 언어가 된다.

성과는 원래 기준을 보완하는 도구였다. 무엇을 목표로 삼았고, 그 목표를 어떤 기준으로 설정했는지에 따라 성과의 의미가 결정된다. 그러나 기준이 충분히 설명되지 않는 환경에서는 관계가 뒤집힌다. 기준을 말하는 대신 성과를 나열하는 방식이 익숙해지고, 성과가 기준의 자리를 대신하게 된다.

이 변화는 재정과 예산을 둘러싼 정치에서 특히 분명하게 나타난다. 얼마를 확보했는지, 어떤 인프라를 만들었는지, 무엇을 이

전했는지가 성과로 제시된다. 그러나 그 재원이 어디에서 만들어졌는지, 누가 얼마나 기여했는지, 어떤 경로를 거쳐 배분됐는지는 거의 설명되지 않는다. 성과는 남지만, 구조는 보이지 않는다.

서울의 재정 구조는 이 문제를 가장 선명하게 보여준다. 서울은 중앙 재정 구조에서 단순한 수혜 지역이 아니라, 경제 활동과 세입을 통해 지속적으로 기여하는 핵심 축에 가깝다. 이 기여는 별도의 정치적 선언 없이 제도 안에 이미 반영돼 있다. 문제는 이 전제가 거의 설명되지 않는다는 점이다. 재정이 어디에서 만들어지고, 어떤 기준으로 다시 배분되는지에 대한 설명이 빠진 자리에서, 배분의 결과만이 성과로 호명된다.

이 구조는 서울시 내부, 특히 자치구 단위로 내려가면 더 분명해진다. 서울의 25개 자치구 가운데 재정 기여도가 높은 일부 구는 특정 교부금의 대상에서 제외된다. 강남구가 대표적이다. 이는 차별이나 불이익의 문제가 아니라, 이미 자체 세입과 기여 구조를 통해 서울시 전체 재정에 기여하고 있다는 판단이 제도에 반영된 결과다. 그러나 이 기준은 거의 설명되지 않는다. 시민에게 전달되는 메시지는 "어느 구가 얼마를 받았다"는 성과뿐이고, 누가 왜 받지 않는지는 말해지지 않는다. 기여는 전제가 되고, 배분만 성과로 남는다.

이 지점에서 도덕의 언어가 등장한다. "강남 돈으로 다 같이 잘 사는 서울" 같은 표현은 듣기에는 따뜻하다. 그러나 이 말은 재정 구조를 설명하지 않는다. 기여가 어떻게 발생하고, 어떤 기준으로 조정되는지에 대한 질문을 대신해, 태도와 의도의 문제로 논의를 옮긴다. 이미 제도 안에서 작동하고 있는 재정 이전과 조정 구조는 설명되지 않은 채, 배분의 결과만이 연대의 증거처럼 소비된다. 정책은 설계의 문제가 아니라 마음가짐의 문제로 바뀌고, 기준은 사라진다.

이런 방식은 국가 단위에서도 반복된다. 지방 균형, 이전, 분산이라는 구호는 계속 호출되지만, 그에 따르는 비용과 효과, 장기적인 구조 변화는 충분히 설명되지 않는다. 성과는 빠르게 제시되지만, 그 성과가 무엇을 전제로 가능했는지는 말해지지 않는다. 중앙에서 지역으로, 다시 하위 단위로 내려가는 재정 흐름 속에서 기여는 보이지 않는 기본값이 되고, 배분만 정치적 메시지가 된다.

성과가 기준을 대체하기 시작하면 정책은 점점 이벤트에 가까워진다. 장기적인 구조 개선보다 눈에 보이는 결과가 우선되고, 시간이 걸리는 조정보다는 빠른 성과가 선택된다. 성과는 쌓이지만 구조는 바뀌지 않고, 문제는 다음 단계로 넘겨진다. 기준 없는 성과는 갈등을 줄이기보다, 갈등을 관리하는 데 익숙한 제도를 강화한다.

행정에서도 마찬가지다. 성과 지표와 보고서는 정교해지지만, 무엇을 기준으로 판단했는지는 기록되지 않는다. 성과를 설명하는 문서는 늘어나지만, 판단을 설명하는 문서는 줄어든다. 기준 없는 성과는 평가를 가능하게 하지만, 책임을 가능하게 하지는 않는다.

정치에서는 이 유혹이 더 크다. 성과는 짧고 강력한 메시지가 되고, 기준은 긴 설명을 요구한다. 설명은 갈등을 만들고, 갈등은 비용이 된다. 반면 성과는 질문을 밀어내고, 지지층을 결속시키는 데 유리하다. 그 결과 기준을 세우는 정치보다 성과를 나열하는 정치가 반복된다.

문제는 성과가 많아질수록 신뢰가 회복되지 않는다는 점이다. 기준 없이 쌓인 성과는 언제든 흔들릴 수 있고, 설명되지 않은 결정은 쉽게 의심을 낳는다. 성과는 결과를 보여주지만, 판단을 설명하지 않는다. 그래서 성과가 넘쳐나는 정치일수록 시민의 체감은 차가워진다.

이 장이 말하고자 하는 것은 성과 자체의 문제는 아니다. 문제는 성과가 기준을 대체하는 순간이다. 기준 없는 성과는 책임을 지우고, 설명 없는 결과는 신뢰를 약화시킨다. 기여가 설명되지 않고 배분만 성과로 말해질 때, 정책은 이해되지 않는다.

다음 장에서는 이 기준의 실종이 왜 늘 미래의 비용을 다음으로 미루는 선택으로 이어졌는지를 살펴본다. 지금의 성과는 무엇을 가리고 있는가, 그리고 그 비용은 결국 누구에게 남겨지는가. 그 답은 미래를 어떻게 감당할 것인가의 문제로 이어진다.

제5장

미래의 비용은 왜 늘 다음으로 미뤄지는가

미래는 예측의 영역이 아니다. 미래는 도전의 영역이다. 도전이란 불확실성을 제거하는 일이 아니라, 불확실성을 감수한 채 선택하는 일이다. 개인의 삶에서도 그렇고 사회도 마찬가지다. 준비된 미래는 우연히 오지 않는다. 오늘의 편안함을 일부 내려놓는 선택들이 쌓일 때 비로소 만들어진다. 그럼에도 지금 사회에서 미래는 점점 선택의 대상이 아니라, 전망의 대상으로 취급된다. "변수가 많다" "예측하기 어렵다" "지금 논의할 사안은 아니다"라는 말이 반복되는 순간, 미래는 책임의 영역에서 빠져나온다.

이 변화는 특정 정권이나 정책의 문제가 아니다. 사회 전체의 시간 감각이 달라지고 있다. 사람들은 점점 더 빠른 반응과 즉각적인 결과에 익숙해졌다. 인내는 미덕이 아니라 손해처럼 인식되고, 장기적 설명은 설득이 아니라 변명으로 받아들여진다. 무엇이 옳은가보다, 무엇이 당장 체감되는가가 판단의 기준이 된다. 미래는 준비해야 할 대상이 아니라, 언젠가 닥칠 일로만 밀려난다.

이 환경에서 미래를 말하는 언어는 점점 신뢰를 잃는다. 미래는 본질적으로 불확실하다. 문제는 이 불확실성이 미래를 논의하지 않아도 된다는 이유로 사용되기 시작했다는 점이다. 과거의 예측이 빗나간 경험들은 누적되어 있다. 그 경험은 "미래를 알 수 없다"는 사실을 확인해주었지만, 동시에 "그렇다면 굳이 지금 선택하지 않아도 된다"는 태도를 정당화하는 데 쓰인다. 불확실성은 책임을 미루는 근거로 사용되기 시작한다. 미래는 도전의 대상이 아니라, 회피의 근거가 된다.

정치는 이 흐름에서 자유롭지 않다. 법과 제도, 행정은 본질적으로 정치의 영역에서 변화한다. 그러나 정치가 당장의 표와 가시적 성과에 종속될수록, 미래 의제는 위험한 선택이 된다. 미래의 비용을 줄이는 결정은 대개 지금의 불편을 요구한다. 이해관계를 조정해야 하고, 예산의 방향을 바꿔야 하며, 설명에 더 많은 시간이 필요하다. 반대로 미래의 비용을 미루는 결정은 조용하다. 갈등은 줄어들고, 당장의 만족은 유지된다. 그래서 미래는 늘 다음으로 밀린다.

행정 역시 같은 유혹 앞에 놓인다. 중장기 계획과 로드맵, 전략 문서는 꾸준히 생산된다. 그러나 계획은 점점 행동이 아니라 문서로 남는다. 준비는 실제 선택이 아니라 표현으로 대체된다. "검토

중이다”“지켜보고 있다”“사회적 합의가 필요하다”는 말은 무난하지만 시간이 쌓일수록 비용을 키운다. 준비가 미뤄지는 동안 미래는 다가온다. 계획은 많아지지만, 도전은 줄어든다.

이 과정에서 민주주의의 작동 방식도 달라진다. 형식은 여전히 다수결이지만, 실제 기준은 현재의 안정과 피로도에 가깝다. 100명 중 51명이 동의하면 결정은 내려진다. 문제는 그 이후다. 49명의 의견은 숙고의 대상이 아니라 관리의 대상이 된다. 조용하면 이해받고, 불편을 만들면 과격하다고 분류된다. 피해를 말하는 순간까지는 공감이 주어진다. 그러나 그 말이 길어지고, 구조를 건드리고, 지금의 안정을 흔들기 시작하면 공감은 피로로 바뀐다.

“맞는 말이긴 한데 왜 이렇게 유난이냐”라는 문장은 이 전환이 일어나는 지점이다. 문제의 내용은 사라지고 문제를 제기하는 태도가 평가 대상이 된다. 피해를 제기한 사람이 갈등의 원인처럼 지목되고, 문제 제기 자체가 문제 행동으로 받아들여지는 경우가 늘어난다. 이제 ‘급진적’이라는 말은 기존 질서를 근본적으로 바꾸려는 주장이라기보다, 현재의 편안함을 불편하게 만드는 모든 말에 붙는다. 다수의 안정을 위협하는 순간, 소수의 목소리는 쉽게 극단radical으로 분류된다.

이 논리는 공적 영역에만 머물지 않는다. 학생이 교사에게 간식을 건넸다는 이유로 제3자가 문제로 제기하는 장면은 더 이상 낯설지 않다. 당사자들 사이의 관계와 의도, 맥락은 중요하지 않다. 중요한 것은 문제가 될 가능성이다. 미래의 위험을 줄이기 위해 현재의 신뢰는 규정으로 대체된다. 모두가 조심스럽지만 사회는 점점 차가워진다. 이 사회에서 선의는 증거가 되지 못하고, 관계는 보호 장치로 인정받지 못한다.

이 구조는 사회 어딘가의 문제가 아니라, 개인의 판단 안까지 깊숙이 스며들어 있다. 나 역시 이 영향에서 자유롭지 않다. 규칙을 어긴 사람으로 인해 내가 손해를 보게 되는 순간, 머릿속에는 같은 계산이 떠오른다. 왜 저 사람의 선택 때문에 내가 불편을 감수해야 하는가. 왜 공공의 질서를 지키는 쪽이 늘 손해를 보아야 하는가. 이 질문은 이기심의 표현이라기보다, 학습된 반응에 가깝다. 규칙을 지켜도 보호받지 못하고, 인내를 선택해도 보상이 없다는 경험이 쌓이면, 누구든 계산하게 된다.

그래서 이 문제는 개인의 도덕성으로 설명되지 않는다. 사회가 시간을 다루는 방식이 개인의 판단 구조까지 바꿔놓았기 때문이다. 모두가 합리적인 선택을 반복한다. 공무원은 선출직의 방향을 읽고, 임명직은 권력의 흐름을 따른다. 책임은 아래로 흐르고, 판단은 위로 미뤄진다. 미래를 선택하면 책임이 남고, 미루면 기록만 남는다. 성과급과 승진, 무난함은 지금을 지키는 보상으로 작동한다.

그 결과 미래의 비용은 늘 눈에 띄지 않게 쌓인다. 잠복해 있던 비용은 어느 순간 한꺼번에 등장한다. 그때가 되면 누구도 그 비용을 만든 사람이 되지 않는다. 예측이 틀렸다는 말로 책임은 정리되고, 사회는 다시 다음 문제로 이동한다. 미래가 예측의 영역으로만 다뤄질 때, 책임은 언제든 회피될 수 있다.

결국 미래의 비용이 미뤄지는 이유는 단순하다. 지금의 불편을 감당하는 선택을 회피했기 때문이다. 사회가 현재형 성과에 익숙해질수록 미래를 위한 결정은 설득력을 잃는다. 시민은 결과를 요구하지만, 과정의 비용에는 관심을 두기 어렵다. 정치는 그 요구에 반응하고, 행정은 판단을 늦춘다. 이 구조가 반복되면 미래는 선택이 아니라 부담이 된다.

미래를 다시 선택의 영역으로 되돌리려면 예측의 언어를 줄이고, 도전의 언어를 회복해야 한다. 불확실성은 책임을 면제하는 이유가 아니다. 도전이란 미래를 맞히는 일이 아니라, 틀릴 수 있음을 알면서도 지금 선택하는 일이다. 준비란 계획을 세우는 것이 아니라 오늘의 비용을 인정하고 감수하는 일이다. 지금의 불편을 견디는 사회만이 미래의 비용을 줄일 수 있다.

이 논의는 결국 함께 감당할 수 있는 구조의 문제로 돌아온다. 정치와 행정, 시민이 같은 부담을 나누는 조건이 갖춰질 때에만 미래는 다시 선택의 영역으로 돌아올 수 있다.

제6장
정치, 행정, 시민이 함께 간다는 말의 조건

정치, 행정, 시민이 함께 가야 한다는 말은 이제 너무 익숙하다. 문제는 이 말이 틀렸기 때문이 아니라, 어디까지가 말이고 어디부터가 실제 선택인지 구분되지 않는 데 있다. 함께 가자는 문장은 쉽게 반복되지만, 그 말이 얼만큼의 비용을 전제로 하는지는 거의 언급되지 않는다. 비용이 명시되지 않는 협력은 오래 지속되기 어렵다.

함께 가지 못하는 이유는 대개 태도의 문제로 설명된다. 그러나 실제로는 태도보다 조건의 문제에 가깝다. 각 주체가 무엇을 감수해야 하고, 무엇을 잃을 수 있는지에 대한 구조가 다르기 때문이다. 같은 목표를 말하면서도, 각자가 떠안는 위험과 부담이 다르면 선택은 어긋날 수밖에 없다.

함께 가기 위해 달라져야 할 첫 번째 조건은 '책임이 귀속되는 방식'이다. 지금까지의 구조에서는 미래를 선택한 쪽이 책임을 진다. 반대로 판단을 미루거나, 결정을 최소화한 선택은 대체로 기록만 남기고 책임에서는 빠져나온다. 이 상태에서는 도전이 합리적인 선택이 되기 어렵다. 미래를 선택한 사람이 특별히 용감해서가 아니라, 구조적으로 더 많은 부담을 떠안게 되기 때문이다. 함께 가기 위해서는 미래를 선택한 결과가 특정 개인이나 집단의 부담으로만 남지 않도록 책임이 분산되는 방식이 필요하다.

두 번째 조건은 '시간을 설명하는 방식'이다. 지금 사회에서는 단기 성과와 장기 비용이 분리되어 전달된다. 당장의 효과는 빠르게 공유되지만, 시간이 지나서 드러날 비용은 추상적으로 처리된다. 이 상태에서는 현재의 불편을 감수해야 할 이유가 충분히 설명되지 않는다. 함께 간다는 것은 같은 방향만이 아니라, 일정 부분 같은 시간 감각을 공유하는 일이다. 지금의 선택이 언제, 어떤 방식으로 돌아오는지에 대한 설명이 축적되지 않으면 협력은 설득력을 얻기 어렵다.

세 번째 조건은 '불편을 다루는 방식'이다. 문제를 제기하는 목소리가 불편을 만들기 시작하는 순간, 그 목소리는 쉽게 관리의 대상이 된다. 이때 논의의 초점은 문제의 내용이 아니라, 문제를 제기한 방식으로 이동한다. 함께 가기 위해서는 갈등이 줄어들기를 기대하기보다, 갈등이 등장했을 때 이를 어떻게 조정할 것인지에 대한 규칙이 먼저 마련되어야 한다. 불편을 없애는 것이 아니라, 불편을 견딜 수 있는 구조가 필요하다.

네 번째 조건은 '신뢰가 작동하는 최소 단위'다. 모든 관계를 규정과 절차로만 관리하려는 사회에서는 협력이 시작되기 어렵다. 위험을 줄이기 위해 신뢰를 최소화하면 사회는 안전해질 수는 있어도 함께 움직이는 능력은 약해진다. 선의와 맥락이 완전히 배제된 구조에서는 각자는 점점 더 계산적인 선택으로 이동하게 된다. 함께 가기 위해서는 신뢰가 무조건 선의로 소비되지 않으면서도, 완전히 배제되지 않는 지점이 필요하다.

이 조건들은 이상적인 시민이나 책임 있는 정치인을 전제로 하지 않는다. 오히려 모두가 각자의 자리에서 합리적으로 행동한다는 전제에서 출발한다. 각자의 합리성이 충돌하지 않고 일정 부분 조정될 수 있도록 만드는 장치다. 함께 가자는 말이 도덕적 요청이 아니라 현실적인 선택이 되기 위해 필요한 최소한의 조건들이다.

함께 가자는 말은 이미 충분히 반복되었다. 이제 필요한 것은 구호가 아니라, 그 의미가 요구하는 부담을 구체적으로 드러내는 일이다. 무엇을 감수해야 하는지 설명되지 않으면, 협력은 방향이 아니라 구호에 머문다.

그래서 이 장에서 말하고 싶은 것도 거창한 해답은 아니다. 정치가 더 도덕적이길 기대하거나, 행정이 더 용감해지길 요구하거나, 시민이 더 성숙해지길 주문하고 싶은 마음도 크지 않다. 다만 각자가 자기 자리에서 판단을 조금 덜 미루고, 책임을 조금 덜 넘길 수 있는 구조라면 좋겠다는 생각이다. 완벽하지 않아도 되고, 매번 옳을 필요도 없다. 대신 선택을 했다는 사실만은 남는 사회였으면 한다.

미래를 완벽히 예측하지 못하더라도, 그렇다고 해서 항상 다음으로 넘기지는 않는 사회. 불확실하다는 이유로 모든 판단을 유예하지 않고, 불편하다는 이유로 모든 질문을 접어두지 않는 사회. 그런 선택들이 쌓이면, '함께 간다'는 말도 굳이 크게 외치지 않아도 자연스럽게 이해될 수 있을 것이다.

이 정도면 충분하다. 모든 것이 바뀌지 않아도 방향이 조금 달라지는 것, 말은 비슷해 보여도 선택의 기준이 달라지는 것. 그런 변화가 쌓일 때 사회를 움직이는 기준도 달라진다.

아직 정리되지 않은 것들

이 책은 답을 제시하기 위해 쓰지 않았다. 오히려 질문을 정리하는 과정에 가까웠다. 선택의 장면들을 따라가다 보니 무엇을 해야 하는가보다 왜 같은 판단이 반복되는가에 더 오래 머물게 되었다. 그 과정에서 느낀 것은 우리가 생각보다 무책임해서가 아니라, 책임을 감당하기 어려운 구조 안에 오래 머물러 왔다는 사실이었다.

미래를 말하는 언어는 충분히 많아졌다. ESG, 지속가능성, 혁신, AI 같은 단어들은 이제 낯설지 않다. 문제는 그 언어들이 너무 익숙해진 나머지, 실제 선택과 분리되어 사용되고 있다는 점이다. 이름을 붙이는 순간 방향을 잡은 것처럼 느껴지지만, 그 이름이 요구하는 비용과 부담은 뒤로 밀린다. 그래서 미래는 자주 설명되지만, 선택은 자주 유예된다.

정치 안에서, 행정 곁에서, 시민으로 살아오며 이 차이를 계속 목격해 왔다. 누구도 일부러 미래를 외면하는 것은 아니었다. 각자의 자리에서 나름대로 합리적인 판단을 했을 뿐이다. 이 흐름은 특정 개인의 문제가 아니라, 판단 구조의 문제에 가깝다. 불편을 감수하는 선택보다 무난한 선택이 합리적으로 보이도록 설계된 환경 속에서 판단은 반복된다. 그래서 이 글은 누군가를 설득하기 위한 주장이라기보다 그런 선택들이 어떻게 쌓여 왔는지를 정리하는 기록에 가깝다.

이 부에서 다룬 갈등과 윤리의 문제들도 마찬가지다. 옳고 그름의 경계는 점점 복잡해졌고, 책임은 명확해지기보다 분산되었다. 누군가의 악의로 설명할 수 없는 장면들이 반복되었고, 그럴수록 판단은 늦춰지고 선택은 다음으로 넘어갔다. 미래는 외면되기보다 계속 미뤄졌다.

그래서 이 에필로그 역시 무언가를 정리하려 들지 않는다. 다만 이 질문만은 남겨두고자 한다. 우리가 지나온 선택들이 우연의 결과였는지, 아니면 불편을 피하려는 합리적 판단의 축적이었는지에 대한 질문이다. 그 질문을 분명히 해두는 것만으로도 이 부의 역할은 다했다고 볼 수 있다.

이 책의 마지막에 남는 것은 해답이 아니라 진단이다. 미래를 둘러싼 갈등이 어디에서 비롯되었고 왜 반복되었는지를 구조의 관점에서 다시 짚어본 결과다. 이 진단이 판단을 서두르지 않게 하고, 선택의 무게를 한 번 더 돌아보게 만든다면 그것으로 충분하다. 이후의 판단이 어디로 향하든 그 출발점에 이 질문이 남아 있다면, 이 부는 제 역할을 다한 셈이다.

책을 덮으며

이 책은 하나의 주장으로 시작하지 않았다. 기록에서 출발하여 관점을 거치고, 진단에 이르렀다. 그 흐름을 따라가며 어떤 결론을 증명하기보다, 선택이 어떻게 축적되어 왔는지를 짚어보려 했다. 정치와 행정, 기술과 제도, 그리고 그 안에서 살아가는 사람들의 판단이 어떻게 맞물려 왔는지를 살피는 일이 이 책의 출발점이었다.

1부 기록에서는 구체적인 시간과 사건을 기록했다. 그 기록은 성과를 나열하기 위한 것이 아니라, 선택이 이루어졌던 맥락을 남기기 위한 것이었다. 어떤 결정은 의도를 가지고 있었고, 어떤 판단은 상황에 밀려 내려졌다. 그 차이를 구분하는 일부터가 중요하다고 생각했다.

2부 관점에서는 그 기록을 조금 떨어진 거리에서 바라보려 했다. 기술의 발전과 제도의 변화, 윤리와 책임에 대한 논의가 어떻게 소비되고 또 어떻게 비켜 가는지를 살펴보았다. 이 부에서 던진 질문들은 명확한 답을 요구하기보다는 우리가 익숙하게 사용하는 언어들이 실제 선택과 얼마나 연결되어 있는지를 점검하려는 시도에 가까웠다.

3부 진단에서는 그 흐름이 만들어낸 구조를 다시 들여다보았다. 갈등이 왜 관리되지 못하는지, 책임의 기준이 어디에서 흐려지는지, 그리고 미래의 비용이 왜 늘 다음으로 미뤄지는지를 따라가다 보니 문제는 개인의 태도나 의지보다 구조에 더 가까이 있다는 생각에 이르렀다. 누군가의 악의로는 설명되지 않는 장면들이 반복되는 이유도 그 지점에 있었다.

이 책을 통해 말하고 싶었던 것은 해답이 아니라 맥락이다. 무엇을 해야 하는가보다, 왜 그렇게 선택해 왔는가를 먼저 이해해야 한다고 생각했다. 그래야 다음 선택이 이전과 완전히 같지 않을 수 있기 때문이다. 나 역시 이 구조 안에서 판단해 왔고, 때로는 무난함을 선택했으며, 때로는 불편을 피했다. 이 책은 그 구조 안에서 이루어진 판단들을 숨기지 않고 정리해 둔 기록이기도 하다.

미래를 둘러싼 언어는 앞으로도 더 많아질 것이다. 혁신, 지속 가능성, 전환, 책임, 기술 같은 단어들은 계속 반복될 것이다. 다만 그 언어들이 선택과 분리되지 않기를 바란다. 이름을 붙이는 일보다, 그 이름이 요구하는 부담을 어디까지 감당할 것인지를 함께 묻는 사회라면, 같은 단어도 다른 의미를 가질 수 있을 것이다.

이 책이 어떤 방향을 제시했다고 말하기는 어렵다. 다만 지나온 선택들을 다시 한 번 바라볼 수 있는 기준 하나쯤은 남겼기를 바란다. 그 기록이 판단을 조금 늦추고, 선택을 조금 더 신중하게 만드는 계기가 된다면 이 책은 제 역할을 했다고 생각한다.

그 이후의 판단과 선택은 다시 각자의 몫으로 남겨두고 싶다.

감사의 글

이 책은 혼자 완성한 결과물이 아니다. 생각을 붙잡아 주고, 질문을 이어가게 해주며, 때로는 방향을 다시 보게 해준 여러 소중한 인연 사이에서 가능했다. 책을 마무리하며 이 자리를 빌려 진심 어린 감사의 인사를 올린다.

KAIST 문술미래전략대학원 박사과정에서 지도해주고 계신 **서용석 교수님**께 깊은 존경과 감사를 드린다. 연구와 현실 사이의 거리를 성급하게 좁히기보다, 그 간격이 갖는 의미를 충분히 숙고하는 태도를 배우고 있다. 빠른 결론코다 정확한 질문이 더 오래 남는다는 사실과, 설명보다 이해가 먼저라는 태도를 곁에서 보며 자연스럽게 익혀왔다. 학문이 현실과 연결되는 방식이 단순한 적용이 아니라 태도의 문제라는 사실도 교수님과의 시간 속에서 배웠다. 무엇보다 연구자이기 이전에 한 사람으로서 존중해주시는 모습과 배려에 다시 한번 감사드린다.

정치의 길에 설 수 있는 출발의 기회를 주시고 큰 신뢰를 보내주신 **유경준 의원님**께 진심을 담아 감사드린다. 공적 판단이란 무엇인지, 그리고 정치에서 인내와 절제가 어떤 의미를 갖는지를 몸소 보여주신 분이다. 서두르지 않는 선택이 결국 더 큰 책임을 감당하게 된다는 점을 여러 장면을 통해 배우게 되었다. 말보다 태도로 보여준 시간이 있었기에 결정의 순간마다 무엇을 먼저 생각해야 하는지를 자연스럽게 돌아보게 되었다. 그때의 배움은 이후의 판단을 지탱하는 하나의 축으로 남아 있다.

일의 의미와 책임에 대해 다시 생각하게 해주신 **고동진 의원님**께 깊이 감사드린다. 맡은 일을 끝까지 해내는 태도가 무엇인지 돌아보게 되었고, 특히 개인의 경쟁력은 스스로 꾸준히 만들어 가야 한다는 말씀은 오래 남는 기준이 되었다. AI와 반도체를 비롯한 기술 산업의 흐름을 설명해 주시며 한 분야에서 오랜 시간 축적된 경험이 사회와 산업에 어떤 의미로 이어질 수 있는지도 생각하게 되었다. 무엇보다 배움에는 끝이 없다는 태도를 몸소 보여주신 점 역시 마음 깊이 새기고 있다.

공공 문제를 바라보는 시야와 학문적 태도에 큰 영향을 주신 **김명자 장관님**께 큰 존경과 감사를 올린다. 오랜 인연 속에서 여러 연구와 현장을 통해 직접 모시며 함께 일할 기회를 얻었고, 그 시간은 이후 생각의 방향을 정리하는 데 중요한 토대가 되었다.

공공 문제를 한 분야의 시각으로만 보지 않는 태도를 배웠고, 서로 다른 분야의 언어를 함께 놓고 생각하는 일이 얼마나 중요한지도 알게 되었다. 문제를 단순화하기보다 구조를 먼저 바라보는 시선 역시 그 시간 속에서 자연스럽게 자리 잡았다.

오랜 시간 이어진 인연 속에서 공적 삶을 대하는 태도와 책임에 대해 생각할 기회를 주시고, 제20대 대통령직인수위원회 활동을 통해 그 고민이 실제 의사결정의 과정과 맞닿는 장을 경험하게 해주신 **원희룡 장관님**께 진심을 담아 감사드린다. 공적 책임이 설명이 아니라 선택과 결과로 드러난다는 점을 가까이에서 보게 된 시간이었다. 정책과 결정이 순간의 판단으로 끝나는 일이 아니라 이후의 흐름과 책임의 구조로 이어진다는 사실을 분명히 인식하게 되었다.

국제 정세와 사회 갈등 문제를 바라보는 시야를 넓혀주시고, 공적 사안을 대할 때 맥락과 사람의 삶을 함께 살피는 태도를 일깨워주신 **송경진 원장님**께 깊이 감사드린다. 국제 정세의 흐름과 사회 갈등의 구조를 단순한 입장의 차이로 이해하기보다 그 뒤에 놓인 조건과 삶의 맥락을 함께 살펴야 한다는 점을 배우게 되었다. 판단에 앞서 이해가 필요하다는 태도는 이후 여러 문제를 바라보는 중요한 기준으로 자리 잡았다.

KAIST 문술미래전략대학원에서 박사과정을 이어가며 만난 여러 교수님들께 감사드린다. 학제 간 연구 환경 속에서 미래전략과 공학 수업을 넘나들며 기술과 정책, 산업과 사회를 함께 바라보는 관점을 가르쳐주셨다. 서로 다른 학문의 언어를 오가며 질문을 다듬는 경험은 연구의 관점을 한층 넓혀주었다. 그 이전 **서울대학교**에서 석사과정을 밟던 시기, **사회과학대학**에서 만난 교수님들께서는 연구의 방향을 잡아주시며 생각을 서두르지 않는 태도를 일깨워주셨다. 두 학문적 환경에서 받은 가르침은 지금의 판단과 연구를 지탱하는 토대가 되었다.

조부모님을 통해 이어져 온 시간의 무게도 빼놓을 수 없다. **친할아버지**(故 김인규)께서는 말수가 많지 않으셨지만, 표현보다 깊은 신뢰로 손자를 대하셨고 그 조용한 믿음은 오래도록 마음에 남아 있다. 작년 1월, 하늘의 별이 되신 이후에도 그분이 보여주셨던 태도와 방식은 여전히 판단의 기준으로 마음 깊이 자리하고 있다. **외할아버지**(장정언)께서는 지금도 변함없는 사랑과 인내, 그리고 강인함으로 삶의 모습을 보여주고 계신다. 긴 시간을 지나며 쌓인 태도와 경험이 사람을 단단하게 만든다는 사실을 두 분의 삶을 통해 배웠다. 또한 삶의 자리를 묵묵히 지켜오신 **두 분 할머니**께도 깊이 감사드린다. 긴 세월 속에서 보여주신 따뜻함과 성실함은 오래도록 마음에 남아 있다.

부모님(김중식, 장은심)에 대한 감사는 말로 온전히 담기 어렵다. 하나뿐인 아들의 선택과 시간을 오래 지켜보며 그 선택이 흔들리지 않도록 뒤에서 버텨준다는 것이 어떤 의미인지 부모님을 통해 배웠다. 결과가 보이지 않는 시간에도 곁을 지킨다는 것이 얼마나 큰 신뢰인지 알게 되었고, 말보다 기다림이 더 큰 힘이 될 수 있다는 점도 자연스럽게 익혀왔다. 부모님은 늘 정답을 알려주기보다 스스로 생각해 보게 했고, 선택의 결과를 대신 감당하기보다 그 과정을 견디는 힘을 키워주셨다. 보이지 않는 자리에서 감당해 온 시간과 노력의 무게가 결국 사람을 단든다는 사실을 부모님의 삶을 통해 알게 되었다. 두 분이 보내온 긴 시간의 신뢰와 기다림은 지금의 나를 이루는 가장 깊은 바탕으로 남아 있다.

마지막으로 **아내 신주희**에게 깊은 고마움과 사랑을 전한다. 오랜 시간 가장 가까운 자리에서 일상의 균형을 함께 지켜온 사람이다. 선택이 뜻대로 되지 않을 때도 조급해하지 않았고, 방향이 선명하지 않은 순간에도 멈추지 않고 시간을 견디게 해주었다. 말로 설득하기보다 삶의 리듬을 함께 유지해 준 시간이 있었기에 여러 갈림길에서도 중심을 잃지 않을 수 있었다. 이 책 역시 그런 시간들 위에서 가능했다. 흔들릴 때마다 무엇을 더 해야 하는지 말해주기보다 지금의 속도를 지켜도 된다고 알려준 사람이었고, 바깥의 소음이 커질수록 안쪽의 기준을 잃지 않게 해준 가장 든든한 버팀목이었다. 곁에서 같은 시간을 함께 걸어준 아내에게 진심으로 감사를 전한다.

이 책에 담긴 문제의식과 질문은 개인의 사유에서 출발했지만 혼자 도달할 수 있는 지점은 아니었다. 현장에서 나눈 대화들, 서로 다른 입장에서 건네진 질문들, 때로는 동의하지 않는 의견들까지도 생각의 방향을 넓히는 계기가 됐다. 익숙한 관점을 의심하게 해준 말, 쉽게 결론 내리지 않도록 멈춰 세운 질문, 미처 보지 못한 지점을 짚어준 시선들이 쌓이면서 이 기록의 결이 만들어졌다.

그래서 이 책은 한 사람의 결론이라기보다 많은 대화가 오고 간 흔적에 가깝다.

이 원고를 먼저 알아봐 주시고 책으로 엮을 수 있도록 길을 열어 주신 박영사 박세기 부장님께 감사드린다. 또한 원고가 한 권의 책으로 완성되기까지 정성껏 다듬어 주신 박영사 편집팀에도 감사드린다.

직접 이름을 올리기 어려운 자리에서도 묵묵히 의견을 나누어 준 분들, 각자의 자리에서 경험을 건네준 인연들, 그리고 서평을 통해 이 책의 의미를 짚어 주신 분들 덕분에 생각이 한쪽으로 기울지 않고 균형을 유지할 수 있었다. 함께 고민해 주시고 생각의 지평을 넓혀 준 모든 인연들께 깊은 감사의 인사를 올린다.

2026년 3월

김 동 욱

저자 소개

김동욱. 1991년생. 제11대 서울특별시의회 의원(강남구 제5선거구).

KAIST 문술미래전략대학원 공학 박사과정(Ph.D. Candidate)에 재학 중이며, 서울대학교 대학원 정치학 석사(M.A.), University of California, Berkeley 정치학 학사(B.A.)를 졸업했다.

의정활동에서는 조례와 제도를 통해 일상의 문제를 공공의 기준으로 정리하는 작업에 집중해 왔다. 개별 사안을 해결하는 데 머무르지 않고, 판단의 기준이 어떻게 제도의 언어로 남는지에 주목하며 기록과 구조를 함께 다루는 활동을 이어가고 있다.

서울특별시의회 서울미래전략통합추진특별위원회 위원장을 맡아 미래 전략을 단기 과제가 아니라 정치가 책임지고 다뤄야 할 의제로 정리하는 논의를 이끌었다. 미래를 예측의 영역이 아니라 정책 과정 안에서 관리해야 할 영역으로 바라보는 관점은 이후 의정활동 전반의 기준이 되었다.

정치학을 기반으로 한 사회와 제도에 대한 이해와 공학 기반 미래전략 연구를 결합한 학제 간 배경은 기술, 정책, 제도의 접점을 구조적으로 바라보는 시각으로 이어졌다. 제20대 대통령직인수위원회 청년기획위원과 제20대 대통령선거 국민의힘 중앙선거대책위원회 정책본부 청년보좌역(「59초 쇼츠」 담당)으로 활동하며 정책 기획 과정에 참여했다. 사단법인 서울국제포럼 연구원(Research Fellow)으로 국제정세와 정책 환경을 연구했다.

대한민국 육군 영어어학병으로 군 복무를 마쳤다.

학문적 훈련과 정책 실무 경험, 그리고 의정활동을 통해 형성된 관점을 바탕으로 공공 의사결정이 제도로 남는 과정을 꾸준히 기록하고 분석해 왔으며, 이 책은 그 축적된 문제의식 위에서 쓰였다.

선택은 어떻게 남는가

초판발행	2026년 4월 10일

지은이	김동욱
펴낸이	안종만·안상준

편 집	전혜민
기획/마케팅	김민규
표지디자인	BEN STORY
제 작	고철민·김원표

펴낸곳	㈜ **박영사**
	서울특별시 금천구 가산디지털2로 53, 210호(가산동, 한라시그마밸리)
	등록 1959.3.11. 제300-1959-1호(倫)
전 화	02)733-6771
f a x	02)736-4818
e-mail	pys@pybook.co.kr
homepage	www.pybook.co.kr
ISBN	979-11-303-9665-1 03300

copyright©김동욱, 2026, Printed in Korea

* 파본은 구입하신 곳에서 교환해 드립니다. 본서의 무단복제행위를 금합니다.

정 가 17,000원